湛庐文化
Cheers Publishing
a mindstyle business
与 思 想 有 关

Moments of Truth

MOT关键时刻

十大原则

原则1 Creat customers 创造顾客比创造利润更重要

原则2 Increase the turnover 用提高营业额代替降低成本

原则3 Be a professional leader 领导少些决策力，多些综合力

原则4 Real needs of customer 了解顾客真正需要，把握多变市场

原则5 Frontline employees 一线员工比管理团队更了解企业

原则6 Embrace risks 该冒险的时候必须勇敢一跳

原则7 Communication “沟通”能提升执行力与利润率

原则8 Strategy 让董事会了解公司的整体战略

原则9 Performance evaluation 保持绩效评估与顾客需要的一致性

原则10 Emergency decisions encouraged 奖励让顾客满意的“自作主张”

湛庐文化 Cheers Publishing mindstyle 与思想有关

中文版序

初次与中国读者交流，我感到十分荣幸。你们是一群辛勤工作的人，在竞争激烈的世界里从事着各种高级商务活动。

《关键时刻 MOT》一书的内容，源于我在斯堪的纳维亚半岛国有航空公司北欧航空公司（SAS）任 CEO 期间的工作实践。SAS 一贯以技术先进著称，同时也拥有世界一流的交通运营能力。1946 年成立以来，公司一直在国家管制的市场氛围中运营，因此最初并未将多少精力放在提高商业水平与建立服务口碑之上。不少客户对这种官僚作风深感不满，却又无从选择，毕竟当时的市场竞争极为有限。后来，我们提出了一个崭新的理念："以前，我们驾驭飞机；现在，要学会驾驭乘客。"就这样，

It is an honor for me to meet, for the first time, Chinese readers, who are hard at work to developing first rate business practices in a very competitive world.

My book is built on my experience in the Scandinavian national airline （SAS—Scandinavian Airline System） to which I was appointed CEO. SAS had always been regarded as a technically very competent airline and a world leader in traffic operations. Since it was founded in 1946 it had operated in a regulated market. Therefore it had not put much effort in developing its business and service reputation. Quite a number of customers regarded it as bureaucratic but could not choose since there was limited competition.

We developed a motto : "We used to fly airplanes—now we need to learn how to fly people" and with that motto we

不足两年时间，我们便创建了一家完全由市场驱动的航空公司。新的航空公司很快就得到了多方赞誉，同时也因其卓越的服务而获得了客户的高度认可，成为全球利润最高的航空公司之一。

managed, in a period of less than two years, to create an airline driven by clear business considerations. It received several awards and was praised by its customers for its unique service. At the same time it was one of the most profitable airlines in the world.

我们设定了战略基准——“让SAS成为商务旅客最好的选择”，并提出“将100个服务项目的水平同时提高1%，而不是仅仅将一个服务项目的水平提高100%”的工作目标。也就是说，要使所有服务项目都维持在高标准的水平上。

Our strategy platform was “the best alternative for the business traveller” and our aim was to become 1% better in 100 service details rather than 100% better in on detail. We wanted to make all the hundreds of improvements to “speak the same language”.

公司将内部信息渠道全部打开，着重培养一线员工对目标的认同感与使命感，因为他们才是在关键时刻（Moments of Truth）与客户接触的公司代表。

By opening up all internal information channels we managed to create a common cause and a sense of shared responsibility from all employees in the frontline—where the company representative meets the customer—in the Moments of Truth.

一时间，SAS的成功转型成为公众谈论的焦点，但随着时间流逝，这些都已渐渐成为历史。

The successful turnaround of SAS was much talked about at the time. Since then, however, much water has flowed under the bridges.

我曾经在5家公司担任过领导职位，每一次都面临着危机，但最终都扭亏为盈。这本书的基本观点对SAS发挥过巨大的作用，经验告诉我，它也将对中国产生同样的功效。当今世界，全球化竞争日益加剧，这一基本观点无疑将变得更加重要。

我期待中国读者阅读我的故事，分享我的经验。如果这本书能够产生激励人们提高商业水平的作用，我亦将甚感欣慰。

詹·卡尔森

In my career I have been the leader of five different companies. They have been brought from crisis to a new and profitable competitiveness. My experience tells me that the basic message in this book still is valid—in China as well as in Scandinavian Airlines. And the importance of the message seems to become even more important as the global competition increases.

I hope my readers in China will be able to follow my story and enjoy the experience. Should the book inspire to developing improved businesses I will be more than happy.

Jan Carlzon

MOMENTS OF TRUTH 目 录

关键时刻MOT十大原则

无处不在的"关键时刻"

"关键时刻"培训感言

扫码下载"湛庐阅读"APP，
"扫一扫"本书封底条形码，
彩蛋、书单、更多惊喜等着您！

Moments of Truth

行业翘楚谈
关键时刻 MOT

MOT

以客户为导向的经营真谛

李家祥

中国民用航空局前局长

作为航空业从业者，阅读北欧航空公司前CEO詹·卡尔森所写的《关键时刻MOT》一书，第一感受是很真切。作者结合航空经营中的具体事例，在平淡无奇的论述中揭示了以客户为导向的经营真谛。

客户是市场中最根本、最积极和最活跃的因素，以客户为导向，其实就是以市场为导向。抓住了客户，就占据了市场；顺应了客户，就适应了市场；发展了客户，就开拓了市场。客户既是企业生存之基，也是企业生长之源。

近几年来，中国国际航空公司精心实施"四心服务"工程（即以飞行安全为中心的使旅客放心工程、以航班正点为中心的使旅客顺心工程、以旅程舒适为中心的使旅客舒心工程、以满足个性需求为中心的使旅客动心工程），正是这种以客户为中心的经营理念的具体化，大大提升了国航的服务品质，也给公司带来了丰厚的回报。继2004年国航盈利规模占到全国航空运输业盈利总额的57.5%之后，2005年和2006年的利润又相继达到同行业水平的1.25倍和1.8倍。同时，国航的企业品牌价值也得到了大幅提高。2004年和2005年国航连续两年在全国"旅客话民航"活动中获得"最佳服务奖”，同时，两次被新加坡《旅游杂志》评为“亚洲最受青睐的航空公司”。2005年，国航被英国《金融时报》评为“具有世界影响力的中国十大民航品牌企业之一”。

作为一本企业管理方面的书，能给人某种启迪就是有益之卷。詹·卡尔森在这本书中，不但向人们传递了诸多企业经营的要方，还传递了“作为一个企业领导人，创建使企业员工人人都能充分施展聪明才智的环境和平台，才是企业健康发展的根本内涵”的思想。尽管这一思想作者在书中提炼得不够鲜明，且全书的叙述也显得有些平淡，但对经营管理者来说，本书仍不失为一本值得一读的好书。

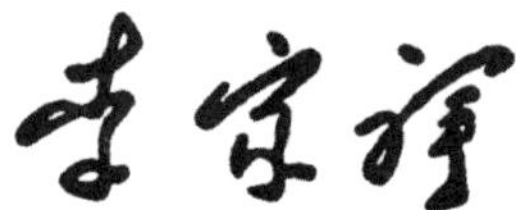

MOT

因您而变

——招商银行的“关键时刻”

马蔚华

招商银行前行长

几年前，我应邀去北大演讲。按照一般的程序，在演讲之后我留出了一些时间和大家互动，回答大家提出的问题。一位年轻的老师举手，我以为他要提问题，可他明确地表示要给招行提一个意见。原来他申办了招行的信用卡，按照规定可以领取一个纪念品小熊猫，可当他去领取时纪念品已经发完了。工作人员说下次再补发给他，可等到他下次去的时候又说发完了。这位老师说：“这事儿如果发生在别的银行身上也就算了，但是发生在招行就太不应该了。”虽然此事最终得到了妥善的解决，但给了我很大触动。我曾不止一次用这个故事来提醒招行的每一位员工，口碑的建立需要几代人的努力，但一个小小的疏忽就可能将它毁灭。正如本书作者卡尔森对于“关键时刻”的定义：“任何时候，当一名顾客和一项商业的任何一个层面发生联系，无论多么微小，都是一个形成印象的机会。”

可以说，招行 20 多年的发展历程恰恰印证了这一论断。“服务立行”是招行创业之初给自己定下的经营宗旨，一句亲切的问候、一杯香浓的咖啡、风雨中一把适时递送的红伞……这一连串“关键时刻”曾经为招行赢得了不少赞誉，而良好的口碑更是奠定了招行超常规发展的根基。然而，随着经营环境的变化，同业竞争的加剧以及消费需求的不断升级，为了迎接诸多挑战，包括招行在内的中国银行业必须对现有组织实施一系列变革，其中很重要的一点就是服务理念和服务手段的提升，做到“因您而变”。

所谓“因您而变”，就是以市场为导向，不断地进行产品和服务创新，以满足客户日益增长的金融服务需求。这一点与卡尔森先生的经营之道不谋而合：“只有以顾客为导向的公司才能适应多变的市场。”对此，我们常说：招行是向日葵、客户是太阳，我们要像“葵花逐日”那样为客户提供最新最好的金融服务。这一比喻形象地表达了银行与客户紧密相连的关系，是招行的自我角色定位。就这点而言，大洋彼岸的北欧航空公司与招商银行的企业文化都信奉管理大师德鲁克的名言：“对企业而言，创造顾客比创造利润更重要。”

事实上，“因您而变”的内涵十分丰富，它不仅是现代商业银行的市场角色定位，也是一个不断追求持续创新的过程，同时还是银行工作的一种思维方法，即一种辩证的发展观。

“因您而变”理念的核心是“变”，而“变”的实质就是创新。创新是企业得以成长、发展和延续的基本途径，是保持企业竞争力的根本所在。我们理解的创新不仅是产品、技术、管理手段的创新，更包括理念和文化的创新。20 多年来，招行凭借着“一卡通”、“一网通”、“财富账户”、招行信用卡等产品树立起了创新能力强、服务好、技术领先的品牌形象。

然而，在这些产品和服务背后，我们更为关注“创新文化”和“服务文化”的建设。在招行内部的网站上，每位员工都可以用实名或者匿名的方式建言献策。每年的“企业文化节”，我们都组织支行行长们体验“大堂经理”这一角色，与一线员工并肩作战，解答他们的困惑，听取他们的意见，共同精益求精地处理招行的每一个“关键时刻”。正如卡尔森在本书中所言，要想诚心诚意地针对每一位客户的需要来提供服务，就应该鼓励一线员工提出构想，因为他们才是众多“关键时刻”的“关键人物”。

比尔·盖茨曾经预言：“传统商业银行是要在21世纪灭绝的一群恐龙。”他甚至说，银行业是必需的，银行是不必要的。但是我们看到，传统银行并没有被信息技术所消灭，而是伴随数字革命时代的到来，充分运用电子技术所提供的巨大发展空间，形成了金融业全新的经营模式。柜台交易之外，网络服务为客户提供了一条更为便捷的选择途径。而无论是物理网点还是虚拟银行，我们的客户没有变化，他们需要感受的“关键时刻”也没有变化，但是却对我们的服务提出了更高的要求。在这种情况下，客户所能够感知的“关键时刻”不是少了，而是多了。而通过网络，我们的客户将更为畅通地表达对于每一个“关键时刻”的满意程度，并迅速影响更多的人群。这让我们不得不更多地关注“关键时刻”对服务型企业的重要性……

距离那次北大演讲已经过去数年了，中国银行业的压力与商机却是一个常谈常新的话题，尤其在中国即将全面开放金融领域的时候。无论是公司治理结构的完善也好，战略途径的选择也好，银行业始终都离不开服务业的本质，那就是——客户永远只会选择自己满意的服务。《关键时刻MOT》用翔实的例证再次提醒我们，服务业的成功不仅仅依靠场所、硬件、系统的支撑，更重要的是，在不同的服务环节是否有诚心诚意地为客户提供所需服务的人。每一个面对客户的窗口都是“关键时刻”，只有做好了“关键时刻”，才能保证企业的基业长青。

中国银行业的所有企业，都面临着经济高速增长带来的广阔、甚至是史无前例的增长机会，但也面临着几乎是共同的挑战。在此时，《关键时刻MOT》不仅是一本适合招商银行的好书，也适合中国所有银行、所有的服务行业从业者阅读，书中讲述的是服务型企业成功的关键所在。

Moments of Truth

管理专家谈关键时刻 MOT

MOT

MOT

中国企业的“关键时刻”

秦朔

中国商业文明研究中心发起人

秦朔朋友圈发起人

我们相信，在每一个企业的发展中，都有一个或几个关键时刻。由于企业的表现从根本上说要通过市场来显现，所以“关键时刻”往往与市场和营销密切相关。

“关键时刻”的意义

“关键时刻”（Moments of Truth，MOT）这一观念在全球企业界的流行，和北欧航空公司前总裁詹·卡尔森的一本同名著作有关。1986年，卡尔森写了《关键时刻MOT》（*Moments of Truth*）一书，记录北欧航空公司起死回生的传奇故事。卡尔森接掌公司总裁职位后，采取以顾客为导向的经营策略，改变自上而下的官僚主义领导方式，打破金字塔式的组织结构，授权那些直接服务顾客与市场的一线员工，共同提升公司的服务水准，使濒临破产的北欧航空公司反败为胜，成为业界最受尊敬的航空公司之一。

关于“反败为胜”的案例，我们熟知的还有艾柯卡领导的克莱斯勒汽车公司以及郭士纳领导的IBM公司。与这两家美国企业相比，北欧航空公司的故事似乎比较平淡，但其意蕴却非常深厚和深远。

在《关键时刻MOT》一书中，卡尔森这样定义商业中的“关键时刻”：任何时候，当一名顾客和一项商业的任何一个层面发生联系，无论多么微小，都是一个形成印象的机会。（Anytime a customer comes into contact with any aspect of a business, however remote, is an opportunity to form an impression.）

由这个简单的观念出发，卡尔森认为，在航空业，关键时刻包括：

- 当你打电话，预订一个航班；
- 当你到达机场，检查行李；
- 当你走进机场把票放在检票台上；
- 当你在门口受到欢迎，在登机时得到空乘人员的帮助，在下飞机时受到欢送；

……

所有这些都是主要的关键时刻，而这些时刻全都由人控制。通过这些时刻，顾客对北欧航空公司的感受，不是飞机，不是办公室，而是公司的“人”是怎样的。在他看来，获得满意服务的顾客，才是公司唯一真正有价值的资产。“顾客希望得到真心的对待，因此，如果做不到这一点，他们就绝不会选择搭乘我们的航班。”

卡尔森由此重新定义了北欧航空公司——不仅是一堆有形资产的集合，更是一次令人满意的接触，一方是乘客，另一方是直接服务乘客的员工（北欧航空公司称他们为“一线员工”）。一年中，北欧航空公司共运载 1 000 万名乘客，平均每人接触 5 名员工，每次 15 秒钟。换句话说，这 1 000 万名乘客每个人在一年中都对北欧航空公司“产生”了 5 次印象，每次 15 秒，总共 5 000 万次。这 5 000 万次的“关键时刻”，决定了北欧航空公司的成败。

“我们必须利用这 5 000 万次的关键时刻来向乘客证明，搭乘我们的班机是最明智的选择。”卡尔森认为，要想真心实意地针对每一位乘客的需要来提供服务，就不能靠上级的指示以及死板的办法和规定，因为制订这些规定的上级主管与乘客离得太远了。卡尔森说，应该鼓励票务人员、空勤人员、行李搬运人员等一线员工提出构想，并赋予他们做决策及采取行动的权力，因为他们才是众多 15 秒“关键时刻”中的“关键人物”。如果这些“关键人物”必须通过传统的指挥链（chain of command）向上级请示，才能处理个别乘客的疑难杂症，那么不仅会影响处理时效，更会陆续丧失忠诚的顾客。

《关键时刻 MOT》出版后，风靡一时，成为众多企业的教材。今天已经大名鼎鼎的维珍大西洋航空公司（Virgin Atlantic）那时才刚刚创立没几年，便开展了“以顾客为中心”的运动。该公司董事长理查德·布兰森（Richard Brandson）给维珍大西洋航空公司的定位就是创造“让顾客难忘的时刻”（memorable moments）。如果你搭乘维珍大西洋航空公司的飞机，航班不巧误点了几个小时，布兰森会站在机舱口向你握手致歉，亲自送给你一张维珍音乐厅或酒吧的免费券。这不是做秀，而是他的确在意“关键时刻”，在意公司对顾客的服务。

“关键时刻”的提示

由于所在行业的不同，发展阶段的不同，企业对“关键时刻”的理解当然也有所不同。但是，将对顾客的服务作为所有企业的“关键时刻”之一，相信是没有异议的。正如德鲁克所说：“对企业而言，创造顾客比创造利润更重要。”

卡尔森的“关键时刻”观念提示我们，企业不是静态的、孤立的，不是物质的集合。企业是动态的，是在和顾客接触中“活”着的。它不是固定的组织，而是永远“活”在组织之中。任何企业，一旦脱离了活生生的、与顾客的真切接触，它就会丧失生命力。例如，在我看来，海尔不应该是一个名词，而应该是一个动词，是消费者的一种永在发生的体验。如果有一天，顾客购买的产品出了问题，致电海尔，却得不到及时的维修。那么，海尔品牌对他来说就开始“贬值”（devalue）了。

“关键时刻”还提示我们，企业的“关键人物”往往不是整日坐在办公室或者会议室的高高在上的领导团队，而是在第一线与顾客接触的人们。三星公司的一项调查就表明，最知道企业问题的，正是第一线的员工，他们通过顾客的反馈，能最快了解企业的、市场的、竞争对手的信息。

需要指出的是，在顾客服务之外，企业还可以根据自身的特点，找到最能发挥杠杆效应的“关键时刻”：

- 福特汽车的黑色T型车；
- 英特尔的“Inside Intel”运动；
- 微软的“Windows”的开放性；
- 美国西南航空公司的“聚焦战略”——不到大城市间的长途热线凑热闹，专注于短途航运业务，通过提供较低的价格让人们觉得乘飞机比坐汽车更经济；
- 万宝龙的“差异化定位”——以制造经典书写工具抗衡派克，始终以顶级品牌标准要求自己，即使市场一时萎缩，也绝不降低自己的标准；

■ 宝洁的“将品牌作为一项事业来经营”；

■ 索尼的“技术创新”；

■ 耐克的“明星传播”；

■ 沃尔玛的“天天平价”；

■ 戴尔电脑的直销模式；

……

中国企业的“关键时刻”

从 20 世纪 70 年代末开始的中国市场经济进程，大泽龙蛇，风云变幻，英雄辈出，风流不断。我们注意到，市场定输赢是其中最基本的规律。

几乎所有的中国企业家都当过推销员，亲身在市场打拼，交过学费。鲁冠球刚开始生产万向节时，曾一度产品积压，发不出工资。适逢全国汽车零部件订货会在山东胶南县召开，他们急赶而去。由于是乡镇企业，进不了洽谈会场，就在外面摆地摊。一连三天，没有买家。后来降价 20%，终于解困。TCL 生产电话机之初，没有销路，也是到全国邮电系统的订货会外面摆地摊，终于感动了一些顾客，才走出了第一步。希望集团的刘永行、刘永好兄弟为了推销饲料，自己上路，发放广告。新疆的孙广信开公司后找不到什么业务，于是为四川和青海的两个工程机械厂做代理，靠着一张全疆企业通信录，他在 160 万平方公里的新疆版图上跑了半年，吃辣椒咸菜，睡地铺，竟然卖出了 103 台机器，得到 60 多万元劳务费，他的事业也就此拉开帷幕。

峥嵘岁月，沧桑市场，引无数英雄竞折腰。公关先锋健力宝，自建网络白云山，太阳神导入 CI，乐百氏品牌之争，娃哈哈终成大器，保健品速生速灭，“亚细亚”策划成名，三株掀全民营销，央视标王烟消云散。杨元庆为联想定江山，TCL 以网络行天下，长虹降价，海尔造势，脑白金宣传，商务通突起，VCD 大战，房地产炒作，汽车喧嚣，网站沉浮。多少豪情，多少悲歌，多少辉煌，多少落寞，全都和“市场”两字相关！

所以我们不能不说，在当下的中国，企业最为关键的时刻，几乎都在市场竞争中！中国企业的关键人物，都是曾经在市场中翻天搅地、创造奇迹的人物！

我们称颂和留恋中国企业的这些关键时刻和关键人物，然而我们同时要说，在 21 世纪全球化竞争的新营销时代，个人英雄主义、感觉至上、业务凌驾管理、价格混战、疯狂炒作、诚信扫地、研发落后、假冒横行的做法终将过时，新时期的关键时刻和关键人物，绝不会只停留在这样的阶段。

此时，了解一下卡尔森的“关键时刻”的观念，或许能让我们更清醒、更沉着，明了营销的本质、企业的本源。

如果随时都是"关键时刻"

孙路弘

著名营销及销售行为专家

你有这样的经历吗

"你好，我是你们的老会员了，今天忘了带会员卡，我告诉你我的名字，仍然可以打折吗？"

"对不起，先生，这件事我无法决定，要问我们经理，可是，经理今天不在。"

到电话公司去交费，营业员冷冰冰地说：

"号码多少？"

你报出号码。

"89元。"

你交了钱，取回找零和发票，离开。

在整个过程中，你和营业员的交流不超过10个字。你会认为这是一次愉快的经历吗？

你是否碰到过这样的情况

- 一位大客户的第一笔订单经过生产和销售各个环节的艰苦努力总算交货了，但是某个小小的环节未能把握好，这位客户从此一去不复返。
- 客服电话总也打不进去，等了一次又一次，最后只得放弃；而客服人员成天接电话，连上洗手间都没时间，还成天被投诉态度不好。
- 客服人员和销售人员两头为难：满足了顾客的要求公司不干，不满足顾客的要求就更麻烦。所以销售人员干脆躲着顾客不见，客服人员遇到为难的电话尽快收线挂机。
- 顾客调查反映公司员工态度很好，可就是不解决问题，光态度好有什么用啊?

类似的对话，类似的场景，只要你有机会接触那些以服务为主体的企业，比如中国电信、中国移动、招商银行、中国银行、海南航空、中国国际航空，或者海尔、联想、华为、IBM、戴尔、惠普，或者雀巢、光明、宝洁，无一例外都会出现。无论你是顾客，还是企业的一线服务人员，在面对顾客的工作中所遇到的那些点滴小事，在这里都有一个高度的、准确的、概括的词汇，一个商业社会无法回避的、全新的词汇，那就是：**关键时刻**。

什么叫“关键时刻”？在卡尔森所写的《关键时刻MOT》一书中，他是这样描述的：“去年一年中，北欧航空公司总共运载1 000万名乘客，平均每人接触5名员工，每次15秒钟。也就是说，这1 000万名乘客每人每年都对北欧航空公司‘产生’5次印象，全年总计5 000万次。这5 000万次的‘关键时刻’决定了公司未来的成败。”一线员工，才是众多15秒关键时刻中的关键人物。要真正做到以顾客为导向，公司必须彻底改变一线员工的角色。不仅仅是销售人员在接触顾客时，还有市场人员在接触媒体时，售后服务人员在接触顾客时，每一个时刻，当与人发生接触的时候，都是企业的“关键时刻”。

牛顿通过做实验得到的结论可以启发后来的科学家，但是后来的科学家并不一定要重复牛顿的实验。卡尔森在 20 世纪 80 年代提出“以顾客满意为企业经营的第一目标”的代表性口号就是 :“关键时刻”。当时这个口号还略显陌生，然而到了 21 世纪的今天，经过了太多洗礼的企业，那些接触顾客的企业员工、中层领导，那些董事会的成员、总经理、CEO 们，再听到“关键时刻”这四个字组合成的词组时，就不会陌生了。也许由此你可能认为，现在的企业非常重视顾客服务，非常重视顾客的感受了。我们要求服务人员以顾客为上帝，以顾客的需求为第一需求，我们已经做得很好了。然而，我们经常会听到这样一些观点 : 中国的消费者有他们特殊的情况，你给予他们再好的服务，他们也会被低价格的同类竞争产品所吸引 ; 中国的消费者没有忠诚意识 ; 中国的消费者不成熟。所有这些说辞，都暗示着一个结论，即使强化一线的顾客服务，仍然无法提高企业的经营业绩，而问题恰恰出在中国的消费者身上。于是， 中国所有大众类型的企业， 如银行、电信、邮政、交通运输等，都存在着大量的投诉、顾客的不满，也因此,我们才会有各种各样的标兵。但是,我们仅仅有一两个这样的典型。而在《关键时刻 MOT》中，卡尔森向我们展示了全面地、系统地提高 2 万名员工的服务水平的流程和步骤，以及一些价值高昂的企业内部管理方法。

20 世纪 80 年代，欧洲航空市场竞争异常激烈，要在众多强手中脱颖而出并非易事。卡尔森没有采用他曾经熟悉的价格竞争手段，没有采用削减成本的手段，他认为问题的实质其实很简单，那就是服务行业的竞争就是服务，顾客满意才是最关键的核心。

当时，拥有数万名员工的北欧航空公司常见的现象是，所有的人都显得异常忙乱，管理人员有抓不完的检查、监督与控制，忙于各种会议、报表和报告。“正是这样，我们忽略了顾客的感受，”卡尔森问道，“谁留意了顾客的真正需要？”请读者扪心自问一下，这些现象在中国服务领域的企业中是否并不陌生呢？

顾客匆忙赶到机场，发现没有带机票，回酒店取机票一定会错过航班，将这个困境告诉更换登机牌的服务人员，你认为他会如何处理？当你思考的时候，不能忽略一个前提条件，尽量不违反航空公司严格的制度，尽量让顾客理解并且满意，如果你是服务人员，你会怎么做？

《关键时刻MOT》揭示了这位38岁走马上任的CEO如何为自己的一线员工可以完美地处理这样的小事而自豪，这样的小事被卡尔森归类为“关键时刻”。也正因为如此，仅仅一年的时间，北欧航空公司就扭亏为盈，从亏损2 000万美元到获利8 000万美元。两年后，北欧航空公司被评为“欧洲最准时的航空公司”。在美国、英国、法国等许多国家的航空公司集体亏损、业绩一致下滑的同时期内，北欧航空公司取得的这个业绩是具备强烈的反差的。

一代伟人毛泽东曾说过，一个人做一件好事并不难，难的是一辈子做好事不做坏事。这句话，完全可以用到企业的服务领域。我们为了提高大众的国民素质树立了太多的榜样和典型，我们有劳动模范，我们有“三八红旗手”“五一劳动奖章”等这些荣誉。我们的目的与卡尔森是一样的，然而，由于方法的不同，导致的结果也是不一样的。我们擅长的是号召、动员、挥师、群情激昂、一呼百应的感性运动，但是，我们仍然仅有那么几个标兵、几个榜样，他们优秀的地方不能被量化，不能被严格的动作分解和工作内容描述，不能将美好的理想分解为具体的目标，将具体的目标分解为具体的步骤，将具体的步骤分解为可以看到的动作。

卡尔森通过“关键时刻”的概念来演绎执行层面的分解，有了分解的具体的动作，就有了让多数人快速掌握的方法。因此，并不一定要群情激昂，也可以实现每个人都做好事，而且基本上在工作时间都做好事。这也许是人类文明发展的不同阶段达到目的的不同方法论吧。《关键时刻MOT》不仅是方法论，而且是从概念到实践，并从实践重新提炼、浓缩为新的概念。从公司的基层到中层再到高层，把握关键时刻、迎接关键时刻，让关键时刻成为企业核心竞争力的关键元素，才能在激烈的竞争中脱颖而出。

“关键时刻”既是一个概念，也是一个战略。《关键时刻 MOT》这本书，包括了战略，包括了概念，包括了细节，也包括了那些生动的、来自一线的故事，故事中有矛盾、有挑战、有冲突，这就是随时随地可能出现的“关键时刻”。

中国企业，让阅读这本书成为你的关键时刻吧！

Moments of Truth

管理大师谈
关键时刻 MOT

MOT

关键时刻：领导力的理论与实践

沃伦·本尼斯

法国著名画家乔治·布拉克（Georges Braque）曾经说过，绘画艺术中最重要的一个因素，是无法用言语来描述的。领导力也是一样！无怪乎谈成功领导人的书很多，谈领导力的书却很少。

幸运的是，市面上最近出现了两本书，都是有关领导力的。一本是卡尔森的《关键时刻MOT》，描述卡尔森一生的事业历程，如何使平安旅行社、灵恩航空公司及北欧航空公司扭亏为盈，如何找出顾客的需要，并设法加以满足。另一本是哈佛大学商学院教授约翰·科特（John P. Kotter）的《有效的领导力》(*The Leadership Factor*)，讨论有效领导力的重要及其实践之道。

两本书恰好成了一个最佳搭配，卡尔森实践了科特的理论，使之不致沦于空谈。科特从一个旁观者的角度，观察成功领导人的行为而归纳出一套理论；卡尔森则亲身经历了领导人的身份，给予人们许多启示。

两本书都指出，从20世纪50年代至70年代，由于环境稳定，竞争对手稀少，几乎所有企业都大有斩获。但也是在这段丰收的期间，领导力根本不为企业界所重视。20 世纪 70 年代以后，环境变动迅速，竞争日益激烈，从前成功的“领导人”，逐渐为“经理人”所取代。

经理人与领导人的根本区别在于，经理人重视管理现成的东西，领导人则注重创新；经理人守成，领导人关心将来的发展；经理人凡事依赖制度，领导人凡事依赖人；经理人注重各种控制工具，领导人注重对人的信任；经理人要求把事情做对（效率），领导人要求做对的事情（效果）。

科特指出，在 20 世纪 50 年代，领导人被视为是“提高生产力”的绊脚石，因为领导人要求不要依赖“惯例”行事。具有讽刺意味的是，那些依赖惯例经营的企业，到现在根本找不出几家了。更甚者，那些注重控制的经理人，逐渐使组织的结构变得更大、更复杂、更僵化，反而使组织失去弹性、效率，且不知如何应付变局。美国的经理人都很能干，但他们只知道应付现有的环境，不知道应考虑未来的变化。今日的美国，这种经理人太多了，以致相形之下，卓越的领导人才根本不敷所需。

科特还在其著作中清晰地指出，当今企业界所需要的领导人才，不仅要有远大的眼光与坚定的信念，还要懂得建立人力资源网络，以执行其既定的战略。

并不是每个人都是领导人才。领导人需要天赋，再加上后天的培养。培养一名领导人，远比培养一名经理人困难。而培养一名现成的经理人成为领导人，则更为困难。

科特相信，从一个人的幼年、求学、就业阶段，即可将其内在的领导特质（如高度的活力）逐渐培养成熟。不幸的是，一到了就业阶段，这些领导特质往往遭到阻碍。许多企业主管指出，当前的企业环境不仅不能助长领导特质的发展，反而有所妨碍。

一名名校 MBA 毕业生，到一家名为“西方产品”的公司求发展。因为表现优异，他很快被提升为广告销售部经理，后来又升为分公司副总裁，领导着 600 名员工。在这期间，他碰到了一些危机，但凭着他的聪明机智，这些危机均一一得到化解。为了一劳永逸，他想出了一套办法来避免这类危机再度发生，却不投上司所好，而遭到降级的处分。于是，他只好离开了这家公司。

科特的结论是，成功的企业，必须具备有弹性的、能应付变局的结构，以及一位卓有成效的领导人——最高领导者。

如果请科特打分的话，卡尔森在各方面一定会得到相当高的评价。事实上，卡尔森所实行的各种策略，使科特的理论得以发扬光大。卡尔森在 32 岁那年，就担任平安旅行社的总裁，36 岁又接掌灵恩航空公司，38 岁更上一层楼，成为北欧航空公司的总裁。

1981 年，在卡尔森初任北欧航空公司总裁时，该公司已连续两年亏损，且亏损金额相当庞大。然而不到一年的时间，卡尔森就使该公司扭亏为盈。卡尔森最先做的一件事，乃是倾听员工的意见，再将其化为行动与利润。而倾听，则是科特认为一个成功领导人最应具备的先决条件。

卡尔森不再做市场调查，而安排这批人去卖票，让他们与顾客做面对面的接触。卡尔森封存了新购进的空中客车，而以顾客（商务旅客）希望搭乘的 DC-9 型飞机代替。有关候机室与时刻表的安排，也针对顾客的需要进行调整。

卡尔森有一句名言："穿墙而过。"因此，北欧航空公司各级员工每天都在"穿墙"，因为他们知道，上级不会责备他们做错了决策，但如果他们做对了，上级一定会给予奖励。有一次，一位重要的瑞典名人打电话给机场，说他会晚几分钟到达（暗示地勤人员等他到了再通知飞机起飞），但当时北欧航空公司正执行准时起飞的政策，一位地勤人员遂"自作主张"让飞机起飞，等这位名人到达后，另外安排他搭乘荷兰航空公司的班机。不用问，这名地勤人员得到了卡尔森的当面奖励。

卡尔森在书的结尾以一个故事作为结束："两位石匠被问到在干什么时，其中一位回答道：'我正在把这些该死的石头砌成一堵墙。'而另一位却回答道：'我正在和大家一起修建大教堂呢！'"

不幸的是，美国企业界"砌墙"的多，"修教堂"的却少得可怜。类似西方产品公司的例子不胜枚举，类似北欧航空公司的例子却很少。也许许多美国企业都忽略了一个事实：顾客感到满意，公司才有利润可言。

我一直强调，公司应鼓励经理人多冒风险，把问题当成机会，不要因小小的胜利而志得意满，而要争取更大的胜利。我也一直强调，企业领袖一定要学会倾听的技巧，而且对象要遍及"所有人"。幸好，卡尔森的故事证实了这一点的重要性。

这两本书均未提出新的理论或方法，可是要真正地实践，非得彻底改变我们原来的想法不可。我们期待新一代的领导人很快出现——不仅对美国企业而言，而且也是对全世界的企业界而言。

MOT “关键时刻”能否创造奇迹

汤姆·彼得斯

假设一架飞机正由纽约飞往洛杉矶，客舱里的一块镶板松动了。镶板尖锐的突起划破了一位乘客的袜子，他把这件事情告诉空姐。空姐手边没有工具，无法马上修理，于是她把这件事情记录下来，等到达目的地时再向联络办公室的人报告。可是联络办公室里除了一部电话和一套对讲系统以外，也没有工具。（这时，空姐已经把问题反映上去了，在她看来，自己的工作已经算是完成了。）当天下午，报告被送至“相关”部门。半小时之后，该部门又将报告放在技术部一名办事员的桌上。这名技术员不确定自己能否修复，但他并不担心，因为飞机此刻正翱翔在迪比克市（艾奥瓦州东部的一个城市，位于洛杉矶至纽约的航线中途）上方约31 000英尺的高空中。于是，他在一本皱巴巴的记录单上潦草地记上一笔：在可能的情况下进行修复。可以肯定的是，他一定会修好那个突起，不过是在刮破另外10名乘客的袜子之后。

詹·卡尔森会怎样解决这个问题呢？首先，他会消除平行沟通的障碍。他所雇用的中层经理并不是官气十足的行政上司，而是协助一线员工服务市场与顾客的领导者，其职责就是“确保指令得以执行”。

毕竟，在乘客与一线员工（包括地勤人员与空服人员）初次见面的15秒钟内，整个航空公司在乘客心目中的形象就已经建立了。这就是卡尔森所谓的“关键时刻”。

卡尔森到底何许人也？1986年8月下旬的《商业周刊》描述了瑞典如何成为欧洲的发电站。“10年前，瑞典还是一个弱不禁风的小国，如今却成为整个欧洲大陆羡慕的对象”。而《商业周刊》所形容的那个“具有大胆积极、快速行动的管理风格，使北欧航空公司从众多瑞典企业中脱颖而出”的人，就是卡尔森。

1978年，时年36岁的卡尔森接掌了灵恩航空公司（瑞典一家专飞国内航线的航空公司），成为全球最年轻的航空公司总裁。他采用类似美国人民航空公司的策略——大幅降低票价、提高载客率，最终赢得了前所未有的成功。作为犒赏，他于1981年被委任为北欧航空公司总裁。这家航空公司在持续17年盈利之后，经历了接连两年（1979—1980年）的亏损，金额高达2 000万美元。

沮丧的员工等待着卡尔森的到来，以为他又会像以前一样大幅降低票价及成本。但卡尔森并没有旧调重弹，相反地，他开创了欧陆客舱的服务，以经济舱的票价提供头等舱的服务。他把目标树立为：全心全意为商务旅客提供全欧洲“最佳的商务航班”。

时间不长，北欧航空公司就以准时起飞而闻名全欧洲，并在一年之内扭亏为盈。当时，全球各航空公司的国际航线总亏损金额已达20亿美元。1984年，《民航世界》杂志（*Air Transport World*）将“年度最佳航空公司”的殊荣颁给了北欧航空公司。

卡尔森的《关键时刻 MOT》无疑是航空业史无前例的传奇。而这个故事在其他领域所值得借鉴之处更是比比皆是。卡尔森曾经指出，我们正站在“历史进程的十字路口”，西方国家的传统竞争优势正逐渐消失殆尽。我对这一观点十分赞同。

正如卡尔森所说，我们正在进入一个以顾客（或市场）为导向的时代。从航空业到汽车业，从半导体行业到金融服务业，日益精明的消费者和不断涌现的竞争对手使得传统企业坐立不安。为了迎接市场巨变所带来的挑战，我们必须针对现有组织进行变革。根据卡尔森的说法，“只有以顾客为导向的公司才能适应多变的市场。”原来自上而下的、分散的官僚领导方式如今已经难以生存了。

全书启发性的故事和实用的建议，叙述了卡尔森挽救平安旅行社（北欧航空公司的旅游分支机构，他接掌总裁职位时年仅 32 岁）、灵恩航空公司及北欧航空公司的经过。卡尔森初任平安旅行社总裁时，只知道发号施令，不懂得聆听员工及顾客的意见。书中提及的各种错误，卡尔森本人也几乎犯了个遍。4 年后，卡尔森被调至灵恩航空公司，此时他已经学到了许多宝贵的经验教训。于是，在他上任灵恩航空公司的第一天，便把所有员工召集起来，发表了一篇激动人心的演讲，呼吁大家携手共渡难关，这与 4 年前的他简直判若两人。

在卡尔森接掌北欧航空公司时，该公司正在经历着巨大的危机。卡尔森指出，提供服务的一线员工及其服务水平才是公司成功的关键，紧接着，又将经营重点从被视为重要资产的飞机转移到顾客身上。他命令大型旗舰客机——空中客车暂时停飞，同时力保机龄较长、载客较少的 DC-9 型飞机为重要的商务旅客提供灵活服务。此令一出，技术专家们无不目瞪口呆。

尽管当时的运营赤字日益增加，卡尔森还是率领活力充沛的新管理团队，大胆地推行了147项提升服务的方案，成本高达5 000万美元。同时，他还全力缩减所有与公司目标不相关的开支，比如解散了一个由40人组成的市场调查部门。他认为，情报搜集应该更加本地化，换言之，调查人员应贴近最终顾客。

卡尔森赋予一线员工“提供服务的权力，因为他们乐于服务”。他让一线员工穿戴一新，使他们享有现场自主权，鼓励他们不要拒绝顾客的请求。举例来说，为了加强对商务旅客的服务，有人提出专门为欧陆客舱的乘客开辟一个登机口。这一建议立刻遭到所有“专家”的嘲笑。他们指出，瑞典政府一向强调平等主义，这一提议肯定不被批准。但北欧航空公司没有理会这些专家的意见，毅然采取了这一措施。

北欧航空公司之所以能够成功，除了一线员工被赋予更多的权力以外，强有力的领导也是一个重要因素。卡尔森的领导风格（后来被他自己证实是正确的）没有沿袭传统，与专业的管理理念也不尽相同。他尊崇直觉、热情，认为凡事都讲求分析的人“常常都是糟糕的决策者和执行者，因为他们总是凭借空想进行决策”。在北欧航空公司，“分析是用来指导整体商业战略的，而不是局限在战略中的个别要素上”。

卡尔森向全体员工描绘出一幅清晰而明确的愿景图，并以无比的诚意与他们沟通。他指出，高层主管（包括他自己在内）都应该承担起“启蒙导师”的责任，并强调不必拘泥于执行的细节，忠于愿景才是最重要的。

尽管如此，北欧航空公司仍未达到完美的境界。1981—1984年，北欧航空公司跨越了一个个障碍，其成果远远超过了原定的目标。然而随后的几年，公司的活力却日渐衰退下来。经过一年反省，卡尔森针对衰退原因推出了“第二波”行动。这一行动以提高效率为主要目标，旨在为即将解除航空管制的欧洲市场做好准备。

“第二波”的目标极具价值，而推行过程更富有深远意义。它从另外一个角度阐释了为什么众多美国企业的改革未能取得成功。卡尔森将重点仍然放在一线员工身上，行动一开始便为他们注入了一股新生命力。他们曾是北欧航空公司的英雄，谁也无法阻挡他们提供卓越的服务。如果中层经理从中作梗又该怎么办？在卡尔森的支持下，他们享有越级向最高管理层直接报告的权力。

可以肯定的是，这个方法很起作用。不过卡尔森也指出，“越级报告”并不利于公司的长期发展。中层经理也需要调整管理方向，以市场为重。卡尔森认为，中层经理的问题不是出在“政策传达人的角色”上，而且因为“越级报告”过多，打击了他们的士气。

作为以提高效率为目标的“第二波”行动，其重点仍非有形资产，而是强调了多次的“人”。卡尔森指出，“角色分配与以往截然不同”，金字塔式组织需要彻底“压平”。

卡尔森能否创造第二次奇迹？我们目前还不知道，但我认为他的措施十分到位。从银行业到锅炉制造业，典型的美国企业面对经济困境的反应总是以有形资产为先，人及组织次之。尽管有识之士曾警告说这一顺序应颠倒过来，但总是未能得到足够的重视。倘若工厂制造流程安排不当，员工士气普遍低落，那么就算是推行自动化显然也不能挽救其失败的命运。同样，在先进产品不断涌现的今天，仅添购一台大型电脑，也不能改善一家不懂得应对变局的银行。

正如卡尔森所建议的，组织确实应该上下颠倒。我们应接受变革，而不是一味排斥；应鼓励风险，而不是一味规避；应赋予一线员工更多权力，而不是一味打击其积极性；应更多注意外部市场的变化，而不是一味依赖官僚组织做出的内部战略。另外，卡尔森还对中层经理做了精辟的分析——他们是变革阶段最容易被忽略的一群人，也是阻碍计划最强烈的一群人。卡尔森还强调，作为一个对新愿景充满坚定信心的领导，他不仅应该拥有美丽的愿景和信心，同时还要对自己忠诚、对下属信任、对顾客重视。

我衷心盼望卡尔森的同僚——在航空界工作的经理人都能读读这本书。近年来，以推出低价机票而试图吸引乘客的美国航空公司，最终因服务水平下降而遭受挫折。由于航空管制的解除，再加上众多企业间的合并事件，使得美国航空业的服务水平已经下降到令人难以忍受的地步。许多航空公司亏损严重，而泛美航空公司却幸免于此。这家航空公司避开了其他企业想要合并它的意图，一直是商务旅客的忠实运输工具。它的财务结构健全，也懂得应用其他服务业的成功诀窍，因而一直维持着最佳的服务水平。达美航空公司则是另一个成功表率。尽管各家航空公司都在杀价，使得起码的服务水平无法维持，达美航空公司却能保持最高的载客率。曾有人指出，如果美国各大航空公司都用卡尔森的方法，那早就可以摆脱困境、赢得高额利润了！

这本《关键时刻MOT》是航空界、银行界、纺织业及工具制造业的主管们必读的书籍。对那些在改革浪潮冲击下必须立即精简组织结构的企业来说，也同样有着卓越的借鉴意义。本书不仅列举大量实例，提出具体的建议，更重要的是提出了一个崭新的经营理念。这个理念的提出者，就是成功挽救北欧航空公司命运，进而缔造了历史新纪录的詹·卡尔森。

Moments of Truth

关键时刻 MOT 十大原则

MOT

Moments of Truth

01

抓住客户给予的5 000万个机会

关键时刻的意义

MOT

关键时刻 MOT 语录

◎ 只有对服务满意的顾客，才是公司唯一有价值的资产。

◎ 公司不仅是一堆有形资产的集合，更重要的还在于乘客与直接服务的“一线员工”之间进行着怎样的接触。

◎ 1 000 万名乘客 ×5 名员工 ×15 秒钟 = 5 000 万次“关键时刻”。

◎ 一年 5 000 万次的“关键时刻”决定了公司未来的成败。因此，我们必须利用这 5 000 万次的关键时刻来向顾客证明，搭乘我们的班机是最明智的选择。

关键时刻 MOT 实录

············落在饭店里的机票

MOT

鲁迪·彼得斯是一位美国商人，下榻在斯德哥尔摩的格兰德饭店。这一天，他和同事约好一同前往城北的阿兰达机场，搭乘北欧航空公司的班机赶往哥本哈根。当日这一航线的航班只有这一趟，而此次出行非常重要。

当他抵达机场时，突然发现机票落在了饭店里。临行前他把机票放在写字台上，穿上外套后却没有顺手把机票带走。

谁都知道，没有机票休想上飞机。彼得斯心想自己只能错过这班飞机了，更重要的是他还将错过哥本哈根的商务会谈。可是，当他把情形告诉票务人员时，却得到了令人惊喜的答复。

“不用担心，彼得斯先生。”票务人员面带微笑地对他说，“这是您的登机牌，里面有一张临时机票，请您把格兰德饭店的房间号及哥本哈根的通信地址告诉我，其余的事情都交给我来办。”

彼得斯和同事坐在大厅候机，票务人员则拨通了饭店的电话。饭店侍者查看了房间，正如彼得斯所说，机票就放在写字台上。票务人员立刻派人赶往饭店取回机票。由于行动迅速，机票在飞机起飞前送到了。当空服人员走近彼得斯的座位，对他说“彼得斯先生，这是您的机票”时，我们不难想象，他脸上的表情有多么惊讶又多么欣喜！

如果同样的情况发生在传统的航空公司，结果又会怎样呢？大多数航空公司的业务手册都写得很清楚：“无机票者，不准登机。”票务人员

MOT

会向上级报告，但几乎可以肯定的是，鲁迪·彼得斯一定会错过这班飞机。北欧航空公司的做法却正好相反，不仅没有耽误旅客的重要行程，更重要的是给旅客留下了美好而深刻的印象。

鲁迪·彼得斯的故事让我感到非常骄傲，因为它说明，自从我 6 年前接掌北欧航空公司以来，公司已经取得了怎样的成就。经过努力，我们已经成为一家以顾客为导向的公司。我们清醒地意识到，只有对服务满意的顾客，才是公司唯一有价值的资产。顾客希望得到真心的对待，因此，如果做不到这一点，他们就绝不会选择搭乘我们的班机。

在北欧航空公司，我们曾经认为飞机、维修基地、办公室和办事流程就是公司的全部。但如果你询问乘客对北欧航空公司有何印象，他们不会说我们的飞机怎样，我们的办公室怎样，或者我们如何筹措资金。相反，他们谈论最多的还是有关北欧航空公司的“人”。北欧航空公司不仅是一堆有形资产的集合，更重要的还在于乘客与直接服务的“一线员工”之间进行着怎样的接触。

去年一年中，北欧航空公司总共运载 1 000 万名乘客，平均每人接触 5 名员工，每次 15 秒钟。也就是说，这 1 000 万名乘客每人每年都对北欧航空公司“产生”5 次印象，每次 15 秒钟，全年总计 5 000 万次。这 5 000 万次“关键时刻”便决定了公司未来的成败。因此，我们必须利用这 5 000 万次的关键时刻来向乘客证明，搭乘我们的班机是最明智的选择。

如果我们真心实意地针对每一位乘客的需要来提供服务，那就不能完全依赖上级的指示或者死板的办事规定。在与顾客交往的 15 秒钟内，所有人（包括票务人员、空服人员、行李搬运人员等一线员工）都应该有权力做出自己的决定并采取行动。如果他们只有通过传统的指挥链向上级请示才能处理个别乘客的疑难杂症，那么，宝贵的 15 秒钟便会匆匆溜走，我们也将因此失去一名忠诚的乘客。

如此看来，为了做到这一步，传统的组织结构图必须颠倒过来。事实上，北欧航空公司已经这样做了，而且我认为非这样做不可。传统的组织有着像金字塔似的三角结构，最顶端是极少数掌握大权的高层主管，中间部分是数层中层经理，而底端则是人数较多、与市场联系也较紧密的基层员工。一般说来，高层主管包括一位最高总裁和数位资深副总裁。这些副总裁均受过良好教育，分别是财务、生产、出口、销售等领域的专家。高层主管的任务是制定重要决策，确保公司正常运作。

高层主管根据一套既定的程序制定决策，中层经理则负责将决策传达至组织的每一个角落。具体而言，在一个大型组织里，中层经理的任务就是将高层主管的决策转化为指示、规定、政策和命令等，让基层员工办起事来有所依据。尽管他们被称为“中层管理者”，但实际上执行的并不是管理的工作，因为真正的“管理者”必须享有自主决策的职权。事实上，中层经理不过是决策信息的传递者。制定决策的不是他们，而是金字塔顶端的高层主管。

位于金字塔底端的蓝领和白领员工，他们都是真正在战场上作战的士兵。每天，他们都要与顾客直接接触，因此也最了解前线的具体情况。但具有讽刺意味的是，当他们碰到特殊问题需要及时处理时，却常常无能为力。

如今，在官僚等级下形成的商业环境已经发生了改变。欧洲和北美市场供销两旺的盛况正逐渐消失，在今日的全球经济中，许多西方工业国家已经不再享有昔日的竞争优势，而在第三世界国家就可以找到低廉的原材料、人工以及先进的技术。举个例子，活牛在美国得克萨斯州宰杀，接着将牛皮送往阿根廷加工，然后再拉到韩国制成棒球手套，最后运回得克萨斯州各地的零售店出售。

产品优势地下降使得全球经济逐渐转变为服务经济。换言之，以顾客为导向的时代已经来临，而我们就站在这个历史进程的十字路口上。那些过去从未视自己为服务业的行业，现在也必须认真考虑服务的重要性了。

举例来说，瑞典有一家焊接工具制造商，凭借其高品质的产品长期独占欧洲市场。然而在一夕之间，他们发现自己的市场占有率竟丧失了将近一半。原因是，一家竞争厂商以半价推出一种简单的款式，既满足了顾客的需要也符合成本预算。而我们说的这家以产品品质为导向的公司，偏偏就在价格上遭到了挫败。在今天的商场上，经营的出发点应放在顾客身上，而不是产品或科技上。因此，这意味着公司应该重新调整现有组织，以适应激烈的市场竞争。

具体而言，原来需要事事请示上级的中央集权式组织，必须改为分权制，改为由上级将职权授给金字塔底端的基层员工，使他们不只是听命行事。换句话说，原来层层节制的高架式组织结构将被水平式扁平组织结构所取代。这种结构在服务业中更有必要率先施行，因为服务业的事业出发点不是产品，而是顾客。

在以顾客为导向的公司里，角色分工与传统截然不同。在这样的组织中，权力相对分散，原来位于金字塔底部、只能无条件服从的员工也将被授予责任。传统的、等级森严的公司结构为扁平结构所代替，这一点对以顾客而不是产品起家的服务业来说尤为重要。

要真正做到以顾客为导向，公司必须彻底改变一线员工的角色，而这一步需要从管理层开始。高层主管若想成为真正的领导者，就应该创造出一种环境，让员工建立信心与技巧，并乐于承担执行的责任。他必须与员工进行沟通，向他们描绘公司未来的愿景，倾听他们的想法，并共同去实现这一愿景。高层主管绝不再是孤立的独裁者，相反，他将成为愿景的描绘者、战略的制定者、信息的沟通者，同时还要承担导师的角色，激励员工努力达成目标。

作为中层经理，应当承担起分析问题、分配资源的责任。更重要的是，他还应当全力支持基层员工的工作需要。事实上，一群年轻、能干、受过良好教育的“新生代”已经出现，他们迫切渴望承担起这一具有挑战性的责任。我们必须让这群新生代扮演积极和主动的角色，尊重他们、信任他们，并赋予他们真正的责任。

至于基层员工，应当有权处理个别顾客的特殊问题。就像票务人员自行派人为彼得斯取回机票的故事一样，公司必须给予一线员工适当的权力，使他们能够迅速而礼貌地处理顾客的特殊需求。

经过这样重新分配责任之后，公司的“关键时刻”得到最大限度的延长，满意的顾客越来越多，公司的重要竞争优势也得到了巩固。

也许有人会想，像我这样来自瑞典小国的公司主管，怎么够资格指点美国人经营企业呢？对此，我的回答是：由于北欧地区的商业变革日益紧迫，社会与经济的发展进程逐渐加剧，这一切都迫使北欧企业的领导者重新考虑并调整自身及所属的企业。我相信，我在北欧企业，尤其是在北欧航空公司的亲身经历，对美国及其他工业国家的企业绝对有益。

Moments of Truth

02

创造顾客比创造利润更重要

关键时刻的原则之一

MOT

◎ 每当我们要提供新计划时，应该首先了解顾客将对此做出怎样的心理反应。

◎ 公司必须给予一线员工适当的权力，使他们能够迅速而礼貌地处理顾客的特殊需求。

◎ 传统管理者与现代管理者的区别：前者对下属发号施令，而后者只需宏观调控。

◎ 员工们很乐意听到老板对他们发出请求，希望他们积极地为公司的前途承担责任。

◎ 从员工的建议中，我们获得了不少赚钱的方法。

◎ 如果员工不愿意投入更多时间履行责任，那么成功也只是纸上谈兵。

◎ 学会如何做一名领导者，而不仅仅是一名管理者。

关键时刻MOT实录

············平安旅行社

1974 年 6 月，32 岁的我已经坐在平安旅行社的总裁办公室里了。这是一家北欧航空公司的分支机构，专门负责为游客提供旅游服务。我踏入社会仅 6 年时间就升到了总裁的职位，旗下共有 1 400 名员工，其中很多人都和我年龄相当。我的资历不比别人丰富，也实在想不出有什么特别的理由让上级委任我担任这一职位，因此我很担心，怕自己不被员工接纳，或者做不好这项工作。

因此，我开始按照想象中老板的样子行事。我拉直领带，把员工一一叫进办公室来，分别给他们下达指令：

“把旅程表改一改！”

“和那家旅馆签约！”

每次开会时，无论什么事情，我都会发号施令：

“我要这样做！”

“我要那样做！”

“我认为应该这样！”

这种行为肯定和大多数第一次当领导的人一样。我开始按照想象中的角色表现来扮演领导者。我以为，旅行社的每个人都期望我是万能的，而且每件事都应该做得比他们强。并且，所有的决策都应该由我来做。

于是，为了不辜负他们的期望，我开始努力表现。每天说个

MOT

不停，所有人的问题都要亲自插手，好像一旦当上总裁，智慧就增长了不少一样。事实上，我几乎都是在知识、经验或信息不足的情况下就贸然做了决定。

办公室里的同事都叫我“自大男孩”（和当时一匹有名的赛马名字一样），虽不中听，但很符合我的行事作风。我感到有点儿不太对劲，

但不清楚是否还有其他方法可以经营这家旅行社。一天，下属克里斯特·萨德尔（Christer Sandahl）走进我的办公室，他是在我的管理作风之下突然遭到“降级”的员工之一。

“你到底在搞什么？”他说，“你想一想自己为什么能成为老板？是因为你和以前不一样了吗？错！上级正是因为本来的‘你’，才选你当总裁的！”

感谢萨德尔先生的勇气和坦率，他让我明白根本没必要为了新角色而改变自己。公司并没有要求我自行制定所有决策，我的任务只是创造和谐的环境，使员工更好地完成工作。我渐渐明白了传统主管与现代主管的区别：前者对下属发号施令，而后者只需宏观调控。和萨德尔先生的谈话使我充满信心，重新做回自己，并大胆开始新的工作。

MOT

我接掌平安旅行社时正值多事之秋。1973—1974 年的石油危机导致航空票价不断攀升，迫使游客不得不放弃包机的旅游方式。因此，扭转平安旅行社的亏损成为迫在眉睫的任务。

我们并没有太多选择。旅行社的主要作用就是联系飞机和旅馆，在旅游胜地设立服务部，组织各项旅游活动。这几项服务共同构成一套旅游方案，供游客选择。旅行社的利润与成本直接相关：投资越多的服务环节，利润就越低，赔钱的概率就越大。换句话说，投资越少，风险就越小。

面对萎缩的市场，多数以产品为导向的公司都会设法降低服务水平，以减少成本。但这样做只会使收益更低，造成更严重的问题。我们决定从降低成本着手。当时，公司总共有 21 万名顾客，其中 4 万挑选了特价旅游项目，这对旅行社来说并不赚钱。于是，我们决定放弃这部分生意，虽然只剩下 17 万名顾客，但公司仍可扭亏为盈。

除此以外，我们还重新调整了组织结构，使之更富有弹性，以便日后市场复苏时，能应对迅速增加的顾客。不久，市场果然复苏了。由于事先已经做好准备，因此我们很容易就接下了增多的顾客。公司终于脱离危机，开始盈利了。就在我担任平安旅行社总裁的第一年，公司创下了有史以来最高的盈利水平！

关键时刻MOT实录

············灵恩航空公司

MOT

1978年，我担任平安旅行社总裁还未满4年，上级就又把我派到灵恩航空公司（瑞典的国内航空公司，北欧航空公司的关联企业）担任总裁。一开始，我虽然认真聆听了当时灵恩航空公司董事长尼尔斯·霍杰尔（Nils Horjel）的意见，但并没有认真考虑这件事，因此几天后便回绝了他。

我没有告诉他我的想法。实际上，我认为灵恩航空公司的情况实在是糟透了。这家航空公司主要飞往返斯德哥尔摩的国内航线，而顾客大多是一些希望早出晚归的商务旅客。瑞典的法规十分严格，不允许票价设置太多等级。这样，决策的重点就只能放在如何让赚钱的航线效率更高上了。因此，灵恩航空公司的当务之急就是使成本尽可能地降低。对我而言，经营这样的公司一点吸引力都没有。

当我回绝霍杰尔的建议后，他表现出意外的平静，对我说："好吧！好吧！再看看吧！"似乎很不以为然。后来我才知道，他以前曾经是欧洲手球明星，为人精明而又固执，无论多么坚固的防御阵式他都能想办法突破。果然，他请出了王牌科特·尼科林（Curt Nicolin）——瑞典企业界的知名人士，同时也是灵恩航空公司的董事。尼科林打电话游说我，我仍然表示拒绝。几次之后，他竟然直接找到我的办公室来。

尼科林的确与众不同。他先向我描绘了一幅灵恩航空公司经营成功之后的蓝图，并请我消除顾虑，他明白我为什么不感兴趣。

MOT

随后又向我描述了目前情况完全相反的灵恩航空公司。“情况的确很糟。”他说。灵恩航空公司亏损严重，急需确定新的战略，走出困境。“我们迫切需要你，也只有你才能拯救这家公司。”他说。最后，他又提出一项令人难以拒绝的条件：这个任务是我晋升为总公司主管的大好机会。

他的计谋终于得逞。我在36岁时担任了灵恩航空公司的总裁，成为世界上最年轻的航空公司总裁。

我在上任当天采取的行动就为公司带来了士气。我邀请所有员工到公司最大的飞机库集合，时间是上午11点，许多人坐了好几个小时的车才赶到。我爬上15英尺高的台子，面对黑压压的群众发表演说。

“公司目前的状况不佳，”我直言不讳地说，“亏损相当严重，并且还有很多难以解决的问题。作为新任总裁，我对公司一无所知。凭借我一人之力，绝对无法挽救整个公司。唯一的办法是你们肯帮助我，每个人都承担起拯救公司的责任。提出你们的想法与经验，再加上我个人的一些观点。最重要的是，你们必须帮助我，只有这样，灵恩航空公司才有希望。”

我立刻感觉到自己的演讲产生了巨大的影响。当员工离开会场时，整个精神面貌大不一样。他们绝对没有想到我会说出请他们帮忙的话。许多员工后来对我说：“我们还以为你会直接命令我们怎么做，但你竟然把责任交给了我们。”

这次经验再次证明，我无须高高在上地发号施令，员工们很乐意听到老板对他们发出请求，希望他们积极地为公司的前途承担责任。

MOT

在我上任之前，公司最热门的话题是女职员的制服样式。而当时的情况是：上年度亏损300万美元，载客率只有50%，日均飞行时间只有4.8小时（航空业的日均飞行时间为7小时）。在我看来，这家公司的根本问题在于：没有一个合理的整体战略。

当时，灵恩航空公司是一家传统的以产品为导向的公司。乘客当中95%的人都是机票由自己公司负担的商务旅客。灵恩航空公司以成本作为定价基础，根本不考虑市场或顾客需求。而所谓的成本，也只有飞行班次一项因素。当时，灵恩航空公司在瑞典各大城市都有飞往斯德哥尔摩的班机，每周一至五早上9点以前起飞。既然各大城市飞往目的地的班次一样，因此票价也就相差不多，都是相当昂贵。

同时，高层主管对公司目标也有分歧。没有人反对公司应该盈利，但大多数高层主管都赞成当时政府的“环游瑞典”政策，因此，旅客即使是从较远的北部飞往南部的斯德哥尔摩，也能享受到便利的旅程和普通票价。这样一来，长途旅行的费用仅比短程旅行略高一点。这对住在瑞典北部的人来说，真是一件大好事，可对灵恩航空公司来说就不妙了。我最紧要的任务就是要使公司盈利，如果再不采取措施，公司的破产指日可待。

我们一致认为：如果飞机继续停在机库里是无论如何也赚不到钱的，必须增加飞行班次。而实现这一目标的唯一办法就是吸引更多乘客。

当时，我们的商务旅客已经趋于饱和，因此不可能再吸引更多的同类乘客。我们决定另辟蹊径。以往，由于飞机班次有限，很多商务旅客就会在没有飞机时选择坐火车或者自己开车。既然如此，我们何不安排更多班次，让他们多一种选择？至于非商务旅客，他们必须自己支付较为昂贵的机票，因此他们多半选择乘坐火车，自己开车或者尽量不出门。我们应该怎样吸引这些顾客呢？降低票价？没错！

我建议，凡载客率低的班次，票价一律减半。当时，一位美国顾问劝我们不可如此。他指出，美国有些航空公司就是因为降价而几乎崩溃。幸好我们并没有听从他的意见。

事实上，我们的整体战略共包括四个重点，旨在将灵恩航空公司从以产品为导向转变为以顾客为导向。第一个重点，更有效地利用固定资产，让闲置的飞机出去载客。第二个重点，是提高服务水平，把灵恩航空公司建设成为“全球最佳航空公司”。我们所谓的提高服务水平，并不是供应烤牛排与美酒，而是提供更便利的时刻表、更频繁的航班，以及更低廉的票价。

提出“全球最佳航空公司”的口号对美国人来说或许很正常，但对1978年的瑞典人来说，却是一件不寻常的事。瑞典民族天性保守、中庸，无论公开的表扬还是批评都很难接受。当我们宣称灵恩航空公司将成为“全球最佳航空公司”时，等于是违反了当时保守的社会规范。因此，全体员工和社会公众都感到出乎意料。

另外两个重点虽不容易为公众所知，但也同样有助于将灵恩航空公司转变为一家以顾客为导向的公司。这两点分别是：让更多的员工分担责任；提高行政资源使用效率，提高总体利润水平。

新的组织结构有两个重心，一个是管“收”的销售部门，一个是管“支”的生产部门。基本的原则是，销售部门根据市场现状总结出公司应该生产及销售什么产品，然后告知生产部门生产内容。这种做法与传统组织结构正好相反。以往，工程部门全权决定飞行班次，而不管乘客是否有需要。

现在，我们将以顾客需要为主，靠盈利来弥补以前的财务漏洞。

我在斯德哥尔摩召开会议，当众宣布了公司的战略方向。我在会上阐释，瑞典已经由稳定的农业国家转变为世界经济中重要的一员。这一转变创造出更多的旅行需求，远远超过了灵恩航空公司目前的服务范围。随后，我展示了整个战略的内容，包括新的经营理念、组织结构、航班时刻表和票价，甚至还包括了广告草案。这些内容十分简单，但很快便引起了令人惊异的热烈反应。

会场气氛一下子活跃起来。散会时，会场上播放着我们的主题曲“空中的爱”。每个人都在讨论，这项挑战将是多么激动人心。会议获得了极大的成功，原因就在于我直接与员工们进行了沟通。几乎每个人都在想：“这就是我一直渴望做的事情！”

我永远也忘不了实施新时刻表与新票价的那天早晨。当我抵达斯德哥尔摩机场的候机室时，机场里正播放着“空中的爱”，佩戴着红玫瑰的公司员工微笑地迎接旅客登上“崭新的国内航班”。

有些人把这叫作典型的“卡尔森秀”，但这些都不是我的安排，而是员工们自己的想法。他们希望在候机室播放“空中的爱”，却发现录音机接不上扩音器。于是一名员工手握着麦克风对准录音机播放，就这样在候机室里整整站了一天。每个人都十分辛苦，但没有一句怨言。事实上，他们在灵恩航空公司这么多年来，第一次感受到了如此的快乐！

从那天起，乘客人数开始直线增加。形形色色的人都成了我们的乘客——商务旅客、年轻人、退休人员，还有一家老小一起搭乘灵恩航空公司的飞机。

在我们采取的各种改进措施中，收效最快的还是大幅度降低票价。如果当时我们降价的幅度太小，或者宣传的力度不够，那么顶多只能稳住原有乘客，而不一定会吸引新乘客。为了增加中途转机的乘客，我们必须把普通票价也大幅降低。同时，还要相应地增加广告预算。

这样做的财务风险有多大呢？我曾经针对某一条航线进行过测算，结果吓得再也不敢估计其他航线了。最后，我决定停止测算，而是凭借直觉行事。

我们的广告词简洁明了——“瑞典人一律半价”。同时，我们又推出一种候补票，不论目的地远近，只要是在瑞典境内，票价一律 20 美元，仅相当于原来的 60%～80%。

我们邀请北欧航空公司的国内航线也加入降价促销的行动。一年前，北欧与灵恩都出售过一种专为年轻人设计的优惠机票，为 27 岁以下的年轻乘客提供半价机票，故称之为 Y50（Y 代表年轻人，50 代表 50% 的折扣）。打折后的国内票价相当于 30 美元，我们若与北欧航空公司联合促销，票价更可压低至 20 美元。这样便足以吸引 3 000～5 000 名乘客，但很可能还不够弥补降价的开支。结果，北欧航空公司拒绝了这项提议。

我们决定坚持自己的计划。由于 20 美元约等于 100 克朗（瑞典币名），我们就把它称为“百元机票”，并在全国范围内进行广告宣传。不出几周，成千上万名背着背包、带着帐篷、啃着热狗的年轻人涌进斯德哥尔摩的布罗马机场，排队等候在机场大厅里。那年夏天，我们的“百元机票”不是仅仅吸引了 5 000 人，而是整整 12.5 万人！

为什么北欧航空公司的财务专家没能估计到这样的盛况？答案很简单：

没有几个人搞得懂 Y50 是什么意思，但大家都知道“百元机票”。这个故事告诉我们，商业活动并不都是那么合情合理，或者必须经过精确计算才可执行的。每当我们要提出新计划时，应该首先了解顾客将对此做出怎样的心理反应。

还有一件事让我们看到了顾客心理所产生的巨大影响。以往，我们都会在清晨起飞的班机上为每个人提供一杯咖啡和一份面包，这项费用每年约为 40 万美元。然而，几乎所有的乘客都在抱怨咖啡和面包的品质不佳。

于是，我们决定改变方法。与其供应大家都不喜欢的免费咖啡和面包，还不如换成单价 2 美元的美味早餐，价格相当于火车上同等食物的一半。结果显示，乘客很愿意支付 2 美元享受这份早餐，而我们也赚到了每份 0.5 美元的利润。

但也不是所有人都想吃早餐， 因为很多人已经在家吃过了。他们说：“如果你们肯提供一杯咖啡和一份面包的话，我情愿付 1 美元。”

于是，我们开始销售以往完全免费的早餐。先前抱怨的乘客对这项措施十分满意，公司也额外增加了一项收入来源。

从员工的建议中，我们获得了不少赚钱的方法。有一组空服人员一直向上级请示，希望能在飞机上销售巧克力、香水等商品——原因之一竟然是希望在飞行途中有更多的事情可做！然而这个请求一直都没有通过，因为根据管理层的统计，在飞机上卖东西只会赔钱。我并没有考虑统计的事情，而是把挑战直接交给空服人员。我对他们说：“你们可以尝试这个项目，但必须同时承担赔钱的风险。如果赚了钱则可以提成。”结果，他们提出了一套销售方案，管理层接受了。后来，我们从这个项目中赚到了数百万美元，空服人员也得到了数目可观的外快。

综上所述，第一年，我们把票价平均降低了 11%，营业额却由 8 400 万美元增至 1.05 亿美元。在没有增加一个人手、未添购一架飞机的条件下，实现了旅客人数增加 44% 的目标。原因很简单：飞机出航的次数增多了。

如果我们仍按照传统的方式经营，绝不可能取得这些成就。如果我依旧坐在金字塔的顶端发号施令，也绝不可能在这么短的时间内就将新计划执行下去。而且，如果我们没有听取员工提出的好建议，也不可能制定出这样成功的策略。

另一方面，如果员工不愿意投入更多的时间履行责任，那么成功也只是纸上谈兵。是什么促使员工如此热情地投入呢？我想是因为他们都深刻地理解了公司的目标与长期计划。我们描述了一幅公司的美丽愿景，促使他们心甘情愿地为实现目标而奋斗。他们第一次接触到如此富有挑战性的任务，并且深信成功离不开自己的努力。他们甚至仔细研读了报纸上有关公司的消息，急切地想要了解事情的进展。有时，一些计划尚未定案就见诸报端，这样的确有些冒险，但员工们的士气反而高昂起来。

在广告中，我们公开与瑞典铁路比较服务的优劣。这一做法的确有悖传统：不仅因为瑞典人不喜欢吹嘘，而且长久以来，瑞典航空与瑞典铁路之间就形成了互不比较的不成文规定。瑞典铁路部长要求我取消这类广告，而我告诉他们现在时代不同了，我必须尽可能多地争取顾客。他宣称，铁路部门也会刊登这样的广告，进行反击。

“好极了！”我回答道，“是时候来点竞争了，垄断时间太久也会感到无聊的。”

经过一年的激烈竞争，铁路部长告诉我，他的想法已经完全变了。他说："你们的广告对我们来说真是一件好事。突然之间，公司里的每一个人都嚷嚷着要采取行动，证明铁路运输比空中运输更强。"

平安旅行社和灵恩航空公司均隶属于北欧企业集团。这一集团总共拥有三家企业，全都是在我的努力下，才从亏损累累的窘境中转危为安的。有人将我的成功归于营销噱头，但事实上，我在解决这三家公司的问题时并没有采取同样的方案。成功的根本原因在于，我重新调整了公司战略，使之更加适应市场的需要。在改革的过程中，我深刻地认识到，只有更多地信赖一线员工才能取得成功。换句话说，我已经学会了如何做一名领导者，而不仅仅是一名管理者。正因为这样，才能将一个传统的企业转变为崭新的、以市场为导向的企业，并使所有员工发挥出最大的创造力与活力。

Moments of Truth

03

用提高营业额代替降低成本

关键时刻的原则之二

MOT

◎“切奶酪法”，即不管市场需求如何，所有部门的成本均采取“一刀切”。这种方法在某些方面的确有效，但有些乘客希望继续保留的服务被砍掉了，而一些可有可无的服务却仍然予以保留。

◎ 我们意识到，北欧航空公司的运营成本已经降到了极限。这个时候再降低成本，就好像车子已经停下来了还要继续踩刹车一样。因此，拯救北欧航空公司的唯一方法就是提高营业额。

◎ 我们不再把费用视为洪水猛兽，必除之而后快。相反地，我们开始认识到，费用才是提高公司竞争力的必要手段。

◎ 一旦确立了为商务旅客提供最佳服务的明确目标，就很容易定义出哪些费用是毫无意义的，也可以确保削减掉这些费用后，不会对公司造成伤害。

◎ 公司在某些方面还没有形成完整的体系，多亏员工们敏锐的经验与判断，才节省了许多宝贵的时间。

◎ 一线员工的工作突然之间得到了公司的重视。以往不受赏识的他们，如今成了引人注目的中心。

◎ 毫无疑问的是，我们在分散权力和沟通愿景的过程中，也同时增加了对员工的要求。

关键时刻MOT实录

············是该采取行动的时候了

1981年，在我接掌灵恩航空公司总裁两年后，总公司任命我为北欧航空公司的总裁。当时，灵恩航空公司已经走出低谷，逐步进入平稳的发展时期。我感觉到自己了解北欧航空公司所欠缺的是什么，于是毫不犹豫地答应了这一请求。

当时，整个航空业都陷入了困境。几家主要的航空公司多年来都保持了较缓的增长趋势，但自从20世纪70年代石油危机爆发后，整个航空旅游市场终于停滞了下来。北欧航空公司在历史上曾经十分辉煌，其股份分别属于丹麦、挪威及瑞典政府，另外还有一部分个人股东。但在我接手时已经连续亏损两年了，合计2 000万美元。公司里的每一个人都知道，是该采取行动的时候了。

许多人都以为我会大幅降低票价（就像在灵恩航空公司所做的那样），或尽量节省开支（就像在平安旅行社时的做法）。但情况并非如此简单。平安旅行社面临的是萎缩的市场，所以我采取降低成本的措施，尽量从现有顾客身上赚取利润。而在灵恩航空公司，我们的成本是固定的，因此只能通过降低票价及增加班次的方法来增加营业收入。北欧航空公司的情况与前两者都不一样，必须采取不同的解决办法。

市场刚刚开始不景气时，北欧航空公司的管理者们就认定营业额不可能增加，于是把重点放在了降低成本上。从第二次世界大战结束到20世纪70年代石油危机爆发的30年间，北欧航空公司一直都在几乎没有任何竞争的环境中稳定成长，年营业额甚至可以事先预测。由于公司产品、票价（根据通货膨胀略有变动）等等都固定不变，成本就成了唯一的变动因素。为了提高公司盈利水平，唯一的方法似乎只有削减成本。

当时，北欧航空公司的高层领导采取了传统的方法——“切奶酪法”，即不管市场需求如何，所有部门成本均采取“一刀切”。这种方法在某些方面的确有效，但有些乘客希望继续保留的服务被砍掉了，而一些可有可无的服务却仍然予以保留。这样一来，公司在削减成本的同时，也削弱了自身的竞争优势。由此带来的内部影响令人堪忧：员工们的积极性遭到了重创。最后，甚至没有一个人觉得控制成本是自己的责任。

幸运的是，我一上任便得到了赫尔格·林德伯格（Helge Lindberg）等几位高管的协助，使新成立的管理团队能集中时间和精力，将北欧航空公司带入正轨。

董事会交给我们的任务是，即使市场无法复苏，也一定要设法将公司扭亏为盈。我们为自己定下目标：绝不能为了获得短期利益而出售飞机，尽管许多航空公司在不景气时都会这样做。我们将通过提供最好的服务来实现盈利，进而在停滞的市场中占领更多份额。

我们意识到，北欧航空公司的运营成本已经降到了极限。这个时候再降低成本，就好比车子已经停下来了还要继续踩刹车一样，不仅起不到丝毫作用，还会彻底毁掉整辆车。因此，拯救北欧航空公司的唯一方法就是提高营业额。

首先，我们需要对外界环境，以及北欧航空公司在这个环境中所处的位置有一个透彻的了解。这意味着我们必须设定明确的目标，并想办法达成它。换句话说，我们必须创建一套崭新的企业战略。

即使当时的航空市场停滞不前（事实上的确如此），我们也要实现盈利的目标。为此，我们要努力使自己成为全球最佳的商务航空公司。我们将商务旅客定位为最稳定的顾客群。与普通旅行者不同，他们无论天气好坏，只要工作需要就会搭乘飞机。更重要的是，商务旅客普遍具有较为特殊的要求，我们可以针对这些要求提供高水平的服务，进而吸引他们自愿购买我们的全价机票。

这个想法并非创举，也没什么特别高明的地方。航空公司都知道，如果不想方设法吸引商务旅客，就不可能做到有利可图，因为只有他们才是购买全价机票的常客。如果一定要找出这个想法的与众不同之处，那就是，我们没有采取“切奶酪”的方法。

我们不再把费用视为洪水猛兽，必除之而后快。相反地，我们开始认识到，费用是提高公司竞争力的必要手段。事实上，如果费用可以满足我们为商务旅客提供服务的目标，那么公司的竞争优势必将随之提高。

于是，我们仔细审查了每项资源、费用及事务流程，同时进行评估：“这项资源是否有助于提高对商务旅客的服务水平？”如果答案是否定的，那么不管这项费用或流程对某些人来说意味着什么，都会立刻予以废除；如果答案是肯定的，那么我们将花费更多的资金使之更完善，进而成为北欧航空公司的竞争优势。只要存在欠缺就迅速弥补。换句话说，我们决定尽力解决所有问题，而不是单独改善某一个问题。

不久，我们便制订出一套拯救公司的独特方案，不仅没有削减成本，反而还向董事会提出了增资计划，包括增加 1 200 万美元的年营业费用，以及额外 4 500 万美元的开支，用以完成 147 项提案。这些提案中较重要的有：准时起飞提案、全面改进哥本哈根交通网络中心的提案、为 12 000 名员工开设服务课程的提案以及提供优质马丁尼酒的提案等等。此举风险极大，因为我们无法保证营业额会因此大幅提高，但这也是唯一的机会，因为降低成本的方法已经被验证不管用了。

尽管风险很大，董事会还是充满热情。1981 年 6 月，董事会议在丹麦召开，一致通过了我的提案。几周之后，我被任命为北欧航空公司的总裁。在整个市场停滞的状态下，北欧航空公司背负着每年 2 000 万美元的亏损，展开了新的计划。

时间不长，问题就出现了。我们发现，公司原有的许多政策和工作流程都不符合提供最佳服务的目标。因此，我们在投入 4 500 万美元资金的同时，也削减了高达 4 000 万美元的不必要开支。

一旦确立了为商务旅客提供最佳服务的明确目标，就很容易定义出哪些费用是毫无意义的，也可以确保削减掉这些费用后不会对公司造成伤害。比如，有两个部门就是商务旅客并不感兴趣的，一个是替旅客安排旅行的部门，另一个是负责提高公司在航空界地位的部门。

北欧航空公司有一个 40人的市场调查部门，负责广泛的市场分析研究。该部门的地位很高，因为公司所有的决策都以这里提供的资料为依据。高层主管只根据这些资料制定决策，而根本不考虑乘客的实际需要。当我们将权力下放给一线员工后，就不再需要那么多的市场调查了，因为决策者已经变成了时刻与乘客接触的一线员工。于是，我们安排原来从事市场调查的员工担任地勤工作，或者直接负责与飞行路线有关的任务。

公司对文职人员的处理也本着同样的原则。由于执行了分权战略，我们不再需要大量编写指令、发放通知及监督政策执行的工作人员。我们扔掉了大部分报告，只留下真正需要的。

整个计划在1981年秋全面实施。夏季时所有事情还没有任何头绪，但很快就按计划步入了正轨，我们是怎样做到的呢？这并不仅仅是因为高层管理者早就设想好了美丽的愿景，更在于全体员工也看到了这个愿景，并且积极地行动起来，尽力做好各自负责的工作。当时，公司在某些方面还没有形成完整的体系，多亏员工们敏锐的经验与判断，才节省了许多宝贵的时间。有时他们也会犯一些错误，但那没什么大不了的。错误以后还可以更正，但若是浪费了时间恐怕就很难追回了。

北欧航空公司执行新政策后所取得的重大成果之一，就是员工的精神风貌发生了翻天覆地的改变。我们宣布要成为一个凭借最佳服务而盈利的公司，并由此开始展开了企业文化的改造。按照传统，公司高层主管主要负责投资、管理及行政工作，服务处于次要的位置，并且真正提供服务的都是基层员工。如今，无论是最高管理者还是基层员工，都将以服务作为最主要的工作。

一线员工的工作突然之间得到了公司的重视。公司不仅为全体员工提供特别的服务培训，更投入了大量的时间和金钱改善工作环境。以往不受赏识的他们，如今成为引人注目的中心。

除了重视服务以外，我们还加强了人员的激励工作，从董事会成员到机票预订人员，全体员工都知道并了解了公司的愿景目标。董事会刚刚批准整顿方案，我们就立刻印制了一本名为“让我们为目标奋斗吧”的红色小册子，发给公司上下2万名员工阅读。这本小册子语言简洁明了，向全体员工传递了董事会与最高管理者心目中的愿景和目标。我们盼望所有的人都了解公司的目标，如果信息在传递过程中被歪曲，那么由此引发的风险将是我们无力承担的。

毫无疑问，我们在分担责任和沟通愿景的同时，同时也增加了对员工的要求。如果没有获知信息，员工们自然无法设想自己的责任。但一旦了解了信息，他们就必须仔细考虑自己的责任。令人欣慰的是，员工们在理解了我们的愿景后，都积极地接受了上级指派的任务。新闻媒体把公司的成功归功于我个人，其实在这样分权制的公司里，我只是千万名员工中的一员而已。正是2万名员工日以继夜辛勤地耕耘，才使得北欧航空公司成为现在这样充满活力的公司。

事实上，我们的经营创意并不是前所未有的，以往的管理层早就认识到服务的重要性。我们后来执行的很多策略，都来自从前的研究与备忘录。

比如，北欧航空公司很早就开始讨论，是否有必要为商务旅客设置专门服务。这个想法并不新奇，法航、英航及荷航早已采用多年。既然我们决定为商务旅客提供最好的服务，那就没有理由不实施分级的计划。

我们的问题在于，无论是头等舱还是经济舱，大部分乘客购买的都是打折机票。其他航空公司的做法是，专门推出一种商务客舱，票价比经济舱全票稍贵一些。我们意识到，只要吸引更多的商务旅客购买经济舱全票，就能改善公司的财务危机。于是，我们取消了头等舱，以新创的欧陆客舱代替。这样，乘客只需付经济舱全价，即可享受更高水平的服务。一开始，我们保留了打折机票，但没有进行大肆宣传，因为当时的重点在商务旅客身上。

我们通过广告大力宣传服务商务旅客的理念，紧跟着便正式推出了欧陆客舱。首先，我们要让乘客看到不同等级的差别。飞机上安装了活动隔板，把欧陆客舱与普通舱分隔开来。同时又在候机室开设舒适的休息处，专为欧陆客舱乘客提供电话及传真服务。另外，他们还可以享受更方便的登机手续、更舒适的座位以及更可口的餐饮。

欧陆客舱的服务也优于经济舱。商务旅客在服务人员的引导下，只需6分钟便能完成登机手续，而普通乘客至少需要10分钟。除此以外，欧陆客舱乘客还享受最后登机和最先下机的特权，以及诸如优先用餐，免费酒水、报纸及杂志等待遇。

很快，我们就取得了成效。我们的目标是，第一年增加收入2 500万美元，第二年增加4 000万美元，第三年增加5 000万美元。出人意料的是，第一年我们就增加了8 000万美元。这个成绩在市场低迷、全球各国航空公司累计亏损20亿美元的情况下，实在非常令人震惊。接下来的三年里，我们的全价票乘客增加了23%，折扣票乘客增加了7%，而前提是当时的市场仍然没有复苏。1985—1986年，北欧航空公司的乘客增长率仍然十分惊人，远远超过市场总体的增长幅度。

我们不仅达到了财务目标，也逐渐在业界取得了良好的声誉。在1984年8月的《财富》杂志上，我们被评为“全球最佳商务航空公司”。航空界知名的《民航世界》杂志，也将我们评为当年的“年度最佳航空公司”。

一年前，北欧航空公司还面临着重重危机：员工士气低落、市场占有率下滑、财务赤字严重。但是，就在如此短的时间里，我们一跃成为全球最佳的商务航空公司，并转而取得了丰厚的利润。可以说，我们完全实现了当初的理想。

其实，利润本身并不是最重要的。如果当初我们设法降低成本，还将获得比 8 000 万美元更高的利润。但那是一种鼠目寸光的解决办法，留下的将是不满的乘客、士气低落的员工以及直线下降的市场占有率。真正重要的在于，我们把资金投到市场上、乘客身上以及员工身上，并由此获得了丰厚的利润回报。

令人兴奋的是，回报并不仅限于此，我们还赢得了更多满意的顾客及充满活力的员工。事实上，我们已经为未来准备了难以估量的宝贵资源。

Moments of Truth

04

领导少些决策力，多些综合力

关键时刻的原则之三

MOT

◎ 一个人之所以被任命为领导，并不是因为他无所不知，或者有能力制定所有决策，而是因为他懂得汇集众人的智慧，并为完成工作创造条件。领导将工作条件授权给员工，让他们独立承担责任，完成日常的工作。

◎ 领导者就是创造条件使工作得以推进的人。

◎ 今日的管理者既是倾听者，也是沟通者与教育者，他们要善于表达自己，鼓励员工发挥最大的潜力，而不是单单依靠自己制订所有决策。

◎ 假如一名球员正带球冲向对方球门，快到时却突然停下来，径自跑向球场边，请示教练该怎样射门，不用说，等他决定如何射门时，球早就不见了，球赛也可能就此输掉。

◎ 在瞬息万变的商业环境中，位于金字塔顶端的领导者绝不可能全盘操控所有细节。因此，工作在一线的员工必须掌握相当的实权，因为他们才是对市场变化感受最深的人。

◎ 公司领导应将关注点放在经营上，而不是社会关系或权力本身。试图靠权力谋取私利的人，往往也会因人际关系恶化、业绩低劣而遭遇淘汰的命运。过于注重社会关系的人，则可能会为了避免冲突而采取事事妥协的做法。

◎“管理者就应该是至高无上、无所不知的，必须要随时掌握全局”，这种想法在我看来，无异于把经验丰富的水手留在岸上，而自己驾着小船驶往未知的危险水域。

关键时刻MOT实录

············响个不停的电话

1981年夏，正值我担任北欧航空公司总裁的第一年，我决定休假两周。但我刚一抵达乡下的住所，电话铃就响个不停，都是一些工作上的琐事。当时我在乡下，对公司情况的了解恐怕比任何在职人员都少，但他们还是不断地打电话来。过了几天，我实在忍受不了了，只好放弃休假，返回斯德哥尔摩。我发觉，以远程遥控的方式指挥工作实在太浪费时间。

第二年夏天，瑞典一家报社以“如何放松”为题，提出对我进行专访。我答应了,但要求该报导在我休假“前”一周刊登出来，因为我希望公司员工都能看到我的谈话内容。

我在访问中表示，公司内部必须做到真正的授权，而不是死板地遵守自上而下的组织结构，只有这样才能使每位员工都为自己做出的决定负责。目前我们已经营造出了这样的工作环境，对于期望在这种环境中工作的人，我们都会赋予他们相当的责任。“现在我想一口气连休4周，”我说，“如果我的电话没响，就表示成功了——员工们已经承担起责任，可以自行制定决策了。如果不幸电话铃又响了，则表示我失败了——因为我既没有传达好信息，也没有用对人。”

几天后，我开始休假。整整4个星期，电话一直安静无声。真是太棒了！

这件事足以证明公司已经成功“跨入”最佳的运作模式——当然那

篇访问文章也多少发挥了一点作用。当我回到公司后，发现在这段时间里，员工们做出了不少重大决策。其中一些看上去并不很高明，至少如果是我亲自做，多少会有所不同。但重要的是，员工们已经懂得了自行决策。而部分没有做出决定的人也没有闲着，他们搜集到许多准确的一手资料。这就是传统经理人和以顾客为导向的真正领导者之间的差异。

我认为，我在灵恩航空公司与北欧航空公司之所以成功，源于在平安旅行社时学到的教训。一个人之所以被任命为领导，并不是因为他无所不知，或者有能力制定所有决策，而是因为他懂得汇集众人的智慧，并为完成工作创造条件。然后将工作条件授权给员工，让他们独立承担责任，完成日常的工作。

如果是在过去，我们很难想象公司总裁可以整整一个月不理会公司的运作。人们总是期待总裁制定所有的重大决策，因此他整天都是事务缠身。而且，重大决策总是层出不穷，身为总裁，只得不分昼夜地工作，甚至还要牺牲周末和假日。我们常常听到某位高管这样抱怨："我已经4年没休过假了！"似乎只有这样才能表明他至高无上的权力和不可替代的位置。

这种典型的主管，其实就是一台决策机器：员工替他搜集好原始信息，并提出几个解决方案，他只需选择一个即可。既然只有他一个人知道公司的政策方向，那么重大决策就非他不可了。其他人根本不可能参与进来。

表面看来，高管似乎承担了全部责任。但不幸的是，这种做法是根本错误的。事实上，他并没有为所有重大事件制定决策，而只是对自己视线范围内的问题做了决定。即使他是一位完美的决策者，而且公司内的所有问题都能突破障碍，引起他的注意，他也没有时间调查每一件事并做出最英明的决策。

这样做的结果是什么？很多事情悬而未决。没有人能记住公司的"愿景"：员工记不住，因为这些与他们无关；主管记不住，因为他们忙于制定决策。员工们开始消极怠工，因为他们相信，就算提出好的创意，领导也不可能让他们这么做。

许多高管认为，传统的工作方式是十分必要的——他们必须高高在上地发号施令，必须舍弃假期拼命地加班。但我相信，一个真正的领导者，其工作难度是远非“事必躬亲”所能比拟的。

没有人会把现成的战略方案放在桌上，等着你来做决定。你必须自己制定战略，而公司愿景一旦确定，就需要动员一切可能的力量来实现这一目标。除此以外，还要拟订符合目标的商业计划，为此，你必须与董事会、工会及全体员工沟通这一计划。同时，将更多的责任授权给一线员工，并创造出有保障的工作环境，使员工乐于接受新的责任。从根本上讲，就是要把组织建设成能达成目标的一个有机机构，并建立起科学的评估方法，确保行进方向不偏离正轨。一句话，为了愿景的实现，我们必须创造出必要的先决条件。

上述工作比起 “事必躬亲” 来更有难度。在我刚刚接掌北欧航空公司时，就犯过类似的错误。尽管客运是公司的事业重心，但我们也赋予了货运人员艰巨的责任。然而我发现，员工们似乎还在喊着以前的口号：“加油干啊，货运工人！”我渐渐失去了耐心，迫切地想使他们创造出一些“真正的”战略思维。

我把货运部的主管找来，对他说：“这应该不是什么难事吧！既然市场需要送货上门的服务，你们就应该尽量满足这个要求，不妨推出一个欧陆货舱，正好和客运的欧陆客舱互相呼应。”

他按照我的吩咐做了，结果可想而知。为什么会这样呢？因为我高高在上地发号施令，根本不管实际情况如何。我缺乏对货运市场的特殊结构及人力资源的起码常识。我做惯了客运生意，不了解货运生意其实与之大相径庭。后者主要是和生产厂家签定长期合同，负责运送大宗工业产品。

如果我一开始就营造出一种气氛，让货运主管畅所欲言，这种错误就不会发生了。但我选择了最省事的做法——在自己一无所知的情况下做出了决定。

这种错误很多经理人都会犯，在他们看来，如果不表现得无所不知，就算不上是称职的领导。下属会在背后议论你其实什么都不会，甚至连普通员工的活都干不了。

事实上，高层主管没有必要事无巨细，样样精通。作为航空公司总裁，我既不会驾驶飞机，也不懂维修保养。而我也没有必要懂得这些。如今的管理者必须具备一些综合素质，比如敏锐的商业触觉，出色的人际协调能力与整合能力等等。

管理者必须要有战略思维能力，能够越过细节，纵观全盘。作为有效的领导者，理解及指导变革的能力也十分必要。其管理范围不仅涉及财务、生产、技术等领域，还包括人力资源的规划。首先他们要确定明确的目标与战略，然后与员工进行沟通并培训，使他们承担起责任，向目标迈进。只有创造出有保障的工作环境，员工才会感受到更大的操作弹性，才会做到勇于创新。综上所述，今日的管理者既是倾听者，也是沟通者与教育者，他们要善于表达自己，鼓励员工发挥最大的潜力，而不是单单依靠自己制订所有决策。

上述技能似乎总被认为是女性的特长。农业社会时期，妇女们承担着照顾家庭、处理周围人际关系的工作。她们天生的敏锐与直觉都是担任领导所不可或缺的能力。遗憾的是，这些特点不是一朝一夕就能学会的。

今天，新的领导职位应该向更多的女性开放。北欧航空飞行研究院的主管博吉塔·雷百克（Birgitta Rydbeck）女士便是这样一位人物。当初我们招聘的目的就是寻找一位管理者，而不是经验丰富的飞行员。雷百克女士不懂如何驾驶飞机，但她拥有深厚的企业管理背景，我们相信她必能创造出良好的飞行训练环境。她的到来在驾驶员当中引起一阵骚动，因为大家一直都认为只有飞行专家才能担此重任。然而，他们很快就服气了。雷百克用行动证明，她的确是一名称职的主管。我深信，在不久的将来，男女将互相吸取对方优点，刚柔相济，取得更好的成果。

另外，领导者还必须在很多方面扮演“启蒙导师”的角色，自觉自愿地将公司愿景与目标散播到每一个角落。他必须使员工确信这一愿景是可以实现的，并进而认同公司的目标和战略。我在灵恩航空公司及北欧航空公司的经历证明，公司的愿景往往能够得到员工的认可。

一开始，有些员工可能无法看到或了解愿景及目标。这时，领导者绝不能以开除进行恐吓，而是要与员工共同工作，提供更多的信息，直到他们最终理解。

当然，组织里总有一些人拒绝接受建议。但只要他们按规定做事，即使内心不赞同也不必深究。否则，便只能要求他们离开。

在北欧航空公司，几乎所有人都认同公司愿景的价值，大家团结一心，为着共同的目标积极行动着。每当损益表公布出来时，公司上下都洋溢着一片欢欣鼓舞的气氛。但我深知，哪怕只有1/10的员工背道而驰，公司前进的步伐都会大大减慢。

因此，我所提出的实行以服务为导向、摒弃官僚等级制的原则，并非是要采取纯粹的民主决策方式。诚然，公司里的每一个人：从董事会成员、工会领导到中层经理、一线员工，都有机会提出自己的看法，但参与最终决策的毕竟只是少数人。

在董事会的授权下，总裁及最高管理团队负责设计、解释整体商业战略。只有在领导者把战略加以完善并与所有员工进行沟通之后，他才能够将权力分配给每一个人。换句话说，领导者就是创造条件使工作得以推进的人。

在足球队里，教练就是领导者，他负责挑选优秀的球员出赛，并保证整个球队维持最佳状态，打好比赛。在赛场上，队长扮演着类似中层管理者的角色，负责下达命令，视情况改变战术。但最重要的还是球员，比赛一开始，他们就成为了自己的老板，随时调整脚下的步伐。

假如一名球员正带球冲向对方球门，快到时却突然停下来，径自跑向球场边，请示教练该怎样射门。不用说，等他决定如何射门时，球早就不见了，球赛也可能就此输掉。

在瞬息万变的商业环境中，位于金字塔顶端的领导者绝不可能全盘操控所有细节。因此，工作在一线的员工必须掌握相当的实权，因为他们才是对市场变化感受最深的人。只有赋予他们安全感、责任感以及根据市场变化决策的权力，公司才能在竞争中立于不败之地。

因此，公司领导应将关注点放在经营上，而不是社会关系或权力本身上。试图靠权力谋取私利的人，往往也会因人际关系恶化、业绩低劣而遭遇淘汰的命运。过于注重社会关系的人，则可能会为了避免冲突而采取事事妥协的做法。久而久之，公司整体绩效必将受到影响。而以结果为导向的领导者，则不会为了达到个人目的而做出命令，或者把成功都归于自己名下。

有时，北欧各国的新闻界会评论说，北欧航空公司的成功并非我一个人的功劳。我十分欢迎这种“披露”行为，因为它正好符合我一直强调的重点。北欧航空公司之所以能够成功，是因为我们通过分权政策，使员工最大限度地发挥创造力。优秀的创意从各个部门不断涌出，最后共同汇集到了管理层。

我们从公司外部聘请顾问时，也采用了同一方法。我经常听到这样一种说法：顾问都是有着奇思妙想的人，因此，如果管理者能够不求助于外部顾问而独自解决问题，那么他就是一个能力很强的人。我对这种想法一直无法理解，它可能源于传统观念，认为管理者就应该是至高无上、无所不知的，必须随时掌握全局。

这种想法在我看来，无异于把经验丰富的水手留在岸上，而自己驾着小船驶往未知的危险水域。

对于那些想一手包办所有决策的管理者来说，聘请外部顾问参与决策过程，似乎是一件很丢脸的事。其实，如果能够按照我提出的方法重新授权责任，则很可能会使公司的发展方向发生改变。就像一艘巨型战舰若想改变航向，非具备特殊的技巧与一定量的时间不能做到。

如果领导者将权力分配给每位员工以后，便期望他们成为各领域的专家，那这种要求就是不合理的。员工的任务是在政策制定之后配合公司的长期发展。既然已经把权力下放，就要允许他们运用完成任务所需的外部资源——譬如财务专家、组织顾问或者广告代理商。

我认为，好的创意是谁提出来的并不重要，关键是一定要有实际的效果，使北欧航空公司成为一个能提供最佳服务的强大公司。

Moments of Truth

05

了解顾客真正需要，把握多变市场

关键时刻的原则之四

MOT

◎ 许多主管都是先设定目标与战略，再研究市场环境与顾客需要。很显然,这个顺序是错误的。如果你不了解当前的环境，也不知道顾客要的是什么，又怎能设定出正确的目标及战略呢?

◎ 应当从顾客的角度出发，重新审视自己的企业，确定其真正的行业特点。就拿北欧航空公司来说吧，它到底是属于航空业，还是属于“以最安全、最便捷的方式，将乘客从某地运往另一地的运输服务业”？很显然，我们属于后者。

◎ 当你一旦了解了顾客的真正需要，就可以轻而易举地制定目标以及达成目标所应采取的战略。目标无须过于复杂，但必须以顾客为导向。

◎ 以顾客为导向的战略源于市场需要而不是产品本身。只有在满足顾客需要的基础上，才能够调整生产方案，进而获得更适合需要的产品。

◎ 我对北欧航空公司的了解越多，就越感到，公司的许多政策及工作流程都是基于设备或员工需要建立的，根本没有理会是否会给旅客带来不便。

◎ 在以产品为导向的公司里，其决策都是基于产品或技术而制定的；以顾客为导向的公司则在市场的引导下完成一切工作，包括决策、投资、改革等等。

◎ 永远都不要忘记，要做好生意，就得懂得拒绝不好的生意。

关键时刻MOT实录

············迥然不同的公司

MOT

不久前，我与一家美国航空公司讨论合资方案：在美国某机场设立一个北欧航空公司的航班终点站，将两国航班和旅客安置系统连接起来。为了使这一站成为全美服务最优的站点，我们计划出资6 000万～7 000万美元。双方似乎对这一合作计划都十分热衷，而且在会晤之前，两家公司的员工都花费了大量时间进行准备。

然而，讨论了5分钟我就发现，对方并不打算把资金投在提高服务水平上。他轻描淡写地指出，候机室只是旅客暂时等候的地方，根本没必要装潢成一座“豪华宫殿”。接着，他迅速把话题转到最新的航空科技上。我耐着性子听了半小时，心里已经很明白了，这家公司绝对不是我们合作的对象。

后来，我又拜访了泛美航空公司的总裁鲍勃·克兰德尔（Bob Crandall），向他请教了一系列问题，包括：美国解除航空管制之后，泛美公司是如何应对的；美国是如何建立中心辐射系统[①]的；该公司的信息及通信系统发展近况；高层与工会的合作等等。最后，我还了解到，该公司主管平时30%的时间都是用来与员工进行沟通的。

两个小时过去了，我惊奇地发现，他竟然没有提到半点与“飞机”有关的事。我忍不住问他最近购进了哪些飞机。他诧异地看着我，好像完全不了解我在说什么似的。“飞机？”他说，“这还用说吗？

① 中心辐射系统，一种典型的美国空中客运模式，乘客往来于大型的中心机场之间，然后再转机前往靠近目的地的支线机场。——编者注

只要是生意需要的我们都设法买下来。”

在这里我需要说明一下：与我谈判的第一家公司，目前正遭受着赤字的困扰；而泛美航空公司则是全美利润最高的航空公司。为什么两者的差别如此之大？第一家航空公司的主管显然陷入了以产品为导向的泥沼；而鲍勃·克兰德尔却能在航空管制解除以后，明智地采取提高服务水平的策略。他拟出一套计划，将泛美航空公司塑造成以顾客为导向的公司。

与其他航空公司的同行相比，克兰德尔迈出了及时而重要的一步。他评估了当前的市场环境，进而确定出顾客的真正需要。在此基础上，拟定了妥善的商业战略，巧妙地将组织调整成符合这一战略的模式。

奇怪的是，许多主管都是先设定目标与战略，再研究市场环境与顾客需要。很显然，这个顺序是错误的。如果你不了解当前的环境，也不知道顾客要的是什么，又怎能设定出正确的目标及战略呢？悲哀的是，许多公司最后意识到了自己的错误，却已为时晚矣！

在如今日益激烈的竞争环境下，人们开始将服务品质放在更加重要的位置。因此，首先必须以顾客为导向，也就是说，应当从顾客的角度出发，重新审视自己的企业，确定其真正的行业特点。就拿北欧航空公司来说吧，它到底是属于航空业，还是属于“以最安全、最便捷的方式，将乘客从某地运往另一地的运输服务业”？很显然，我们属于后者。

只有很好地回答了上述问题，你才能决定如何改变组织的结构，提供最好的服务。福特公司和通用汽车公司是属于汽车业，还是属于“提供陆地用工具，将人们从某地运往另一地的运输服务业”？如果两家公司都选择前者，那么他们自然是只注重汽车“本身”设计、空气动力学及如何省油等方面的公司。

但如果答案是后者，那他们卖的恐怕就不仅仅是汽车了。从顾客的角度看，他们最好能出售一种“乘车证”，保证持有者在需要的时候随时都可以要到车，驾驶着它开往任何地方。毕竟，当你在叫计程车的时候，大概不会指名要福特或雪佛兰牌子的汽车吧。你真正需要的，不过是运输服务而已！

我并不是在建议福特与通用汽车公司停止关注汽车本身。我的观点十分明确：当你以顾客为导向的时候，提供的就不仅仅是商品的“硬件部分”，同时还包括服务。

同理，银行不再只是处理货币与票据的单位，其工作重心应放在“有关经济交易的流通信息管理”上面。我认为，除非银行家重新定义现有的服务，否则他们将很快被市场淘汰。

一旦决定了你在从事什么样的行业，就需要确定哪些人才是你的顾客。这说起来容易，但对于坐在金字塔顶端的高层主管而言，就不是那么简单了！因为他们不是一线员工，没有天天与顾客面对面地接触。

我在平安旅行社任职时，发现老年游客的人数呈增多趋势。于是，我们研究了一套特别方案，以吸引这些上了年纪的人。

公司里的经理都是和我年纪相仿的30多岁的年轻人。我们认为，老年游客对出国旅游怀有恐惧感，因此渴望整栋旅馆住的都是瑞典游客。而且，他们希望住公寓式的套房，内含客厅及厨房，前者方便交友，后者最好配有特别的瑞典式咖啡炉，可以煮出香醇的瑞典口味咖啡。当然，客厅里还应提供瑞典棋盘游戏及纸牌。

我们还认为，导游应该身体健壮、为人踏实，且具备一定的医疗知识——最好是一位身材微胖、面色红润的护士。另外，还要安排旅馆附近的餐厅提供北欧风味的食品，以满足游客们挑剔的味觉。考虑到老年人喜欢户外观光及海滩日光浴，我们安排了短途旅程，沿途设有多处便利的休息场所。

我们对这套方案非常满意，但还是想了解一下顾客的想法。于是，我们从斯德哥尔摩的一家退休者俱乐部，挑选了15位老人参加座谈会。大家刚刚就坐就有人提出了反对意见。

这是位瘦小的老太太，很显然对旅游十分在行。但我们认为她根本无法代表整个旅行团。随后，人们七嘴八舌地说了起来。最后，一位男士解释说："我总是在报纸广告上寻找便宜的旅行计划，但都没有超过一周的，因为如果那样就会过于疲劳。等我回到家以后，又会拿起报纸，寻找另一个便宜的旅行。"

面对这些奇怪的老人，我们开始怀疑他们能否代表大部分游客。

这时又传出了另一个声音："墨西哥！我认为应该把它包括进去。我们去过斯里兰卡和冈比亚，还有很多其他地方。但就是没去过墨西哥，那儿非常迷人。"

讨论就这样继续着，直到结束也没有一个人对我们的计划表示兴趣。我们谢过他们，随后便将这些意见抛之脑后了。仍然按照原计划，投资 10 万美元制作了一批精美的宣传册。但我们热切盼望的老年游客却一个也没有出现。

这就是坐在金字塔顶端主观臆断的结果：严重脱离现实，却还幻想着计划能大受欢迎。如果当初我们听听老人的想法或者销售人员的意见，很可能就会让老年人与年轻人一起组团，满足老年人积极追求人生的需要。

当你一旦了解了顾客的真正需要，就可以轻而易举地制定目标以及为达成目标所应采取的战略。目标无须过于复杂，但必须以顾客为导向。你可以以此为准绳，衡量公司战略及其执行效果。

我在 1981 年接掌北欧航空公司的时候，便确立了公司的未来目标——成为全球最佳的商务航空公司。当时，我们总共拥有 4 架空中客车系列飞机（后文简称空客飞机），而这种飞机是一种高科技飞机，体积大、内部宽敞明亮，很适合短程客运服务。已有的空中客车飞机价值 1.2 亿美元，而我们决定再购买 8 架。

如此大额的采购对于大型航空公司来说算不上稀奇，自从航空客运发展以来，几乎所有的航空公司都会经常淘汰旧飞机，代之以技术先进的新机型，以此达到降低成本的目的。因此，只要资金宽裕，公司主管都会尽量采购。

与负重机型 DC-9 相比，空客飞机每人每英里可以节省 6% 的运营成本。但空客飞机的座位也更多一些（空客飞机 240 座，DC-9 110 座），因此除非是满载飞行，否则空客飞机并不能省钱。可满载的概率实在是太小了。

当初我们决定购买空客飞机，是因为预见到旅客人数将以每年 7%～9% 的速度增长，货运量也会大幅增长。但由于石油危机的影响，市场开始萎缩。因此，对于从斯德哥尔摩飞往欧洲各大城市的这种飞机来说，如果不能在哥本哈根补足空位，就会面临亏损的境地。另外，如果安排北欧各大城市直飞欧洲大陆的航线，空客飞机也会因为过大而坐不满。但是，我们的顾客就是希望搭乘这种直飞班机。

假如市场稳定，旅客人数每年均以固定比例增长，那对于航空运输业者来说，定期更换新机型是有道理的。并且这种做法也为北欧航空公司创造了连续 17 年盈余的纪录。但在市场增长停滞的状态下，如果再这样做，我们就无力负担了，因此必须从顾客——也就是商务旅客的角度来考虑这件事。经过这样处理后，你会发现情况完全不同！

我们意识到，如果要让空客飞机赚钱，唯一的办法就是降低服务水平，比如尽量使飞机客满或者中途多停几站。对于斯德哥尔摩以及北欧其他城市的商务旅客——也就是我们一直想要吸引的主要顾客——来说，他们会怎样来安排自己的旅程呢？是愿意选择航班次数少，并在哥本哈根经停的宽敞、崭新的空客飞机？还是宁愿选择机型普通，但班次较密，直飞各目的地的DC-9型客机？

对我来说，答案很明显。“把所有空客飞机封存起来，”我说，“用DC-9型客机代替。”

公司里的许多人都感到十分震惊。在他们看来，此举就像是公司投巨资修建了全新的工厂，却在启用之日予以废弃一样。但我却认为这个决策最正确。事实上，我们只不过是不在正常航线上使用这种飞机罢了，它还可以租给旅游团包机用！为了吸引北欧地区有限的商务旅客，我们必须提供班次密集的直飞班机，这样才能保持竞争力！

空客飞机的例子再次证明了以产品为导向理念与以顾客为导向理念的不同。以产品为导向的传统公司，其生产、投资（如购买新型飞机）以及运营等行为，都会以设备为依据进行调整。

在航空客运的早期阶段，这种做法并没有什么不对。当时，人们只要能坐上飞机就觉得很高兴了，即使有一些不方便的地方也可以忍受。他们对飞行充满了好奇，就算服务水平不高也不放在心上。而航空公司必须紧跟航空发展潮流，购买更高技术含量的飞机，因为只有这样才能提高生产力。在那段时间，“国家航空公司”的概念产生了。各国航空公司都尽可能地开辟新航线，希望国旗能飘扬在其他国家的上空。因此，即使一周只飞一个班次也无所谓。

如果是在 1960 年，北欧地区的商务旅客想去芝加哥或里约热内卢，他们多半都会选择搭乘北欧航空公司的班机，并且多半也会按照我们的时刻表安排行程。这么做有两方面的原因，一是由于改乘其他交通工具需要花费更长时间，再一是因为“爱国”情结使然。

今天的情形恰好相反。商务旅客计划出行时，会根据自己的安排寻找适合的班机。如果北欧航空公司的班机最适合，他就可能选择我们；反之，则不会。这就是为什么我们要把重点放在更紧密的航班上，而不能经常使用空客飞机的原因。以顾客为导向的战略源于市场需要而不是产品本身。只有在满足顾客需要的基础上，才能够调整生产方案，进而获得更适合需要的产品。

就这样，我们决定继续封存空中客车系列飞机。即使更新型的客机问世，也不会替换掉 DC-9。我们把所有的可能方案都计算了一遍，从盈利水平来看，没有一种机型可以取代目前的 DC-9 型客机。但我并不能确定这样的做法是否过于违反传统，于是每当有机会访问其他航空公司时，我总是开门见山地问道：“请问贵公司是依据什么来购买新机型的？新机型一定就比原来的机型更赚钱吗？还是因为新机型能提供更好的服务？”

他们通常都会对我的问题感到困惑，然后肯定地回答：“嗯，我们从来不做这种分析。很明显，只要有新机型就应该买下来。我们一直都是这样的！”

在决定不买新机型之后，我们才发现其实没有必要这么快更换飞机。现有的新机型在技术方面的确有一些突破，但载客的机舱却没有太大改进。因此，我们只能等待真正能满足公司及顾客需要的新型飞机问世。

20世纪70年代的时候，飞机的经济寿命远远低于其技术寿命。也就是说，飞机根本等不到报废就早早被效率更高的新机型取代了。到了20世纪80年代，情况恰好反了过来：飞机的技术寿命远远低于其经济寿命。因此，也就没有经济上的理由来更换飞机了。

20世纪80年代初，旅客对新机型的反应似乎证实了我们决策的正确性。德国汉莎航空公司投巨资添购了一批最新的波音737客机。这种飞机在技术方面的确有所突破，但对乘客来说只有一处较大改变：把原有DC-9型客机的一边两排、另一边三排的座位，变成了两边各三排的样式。也就是说，位于“中间”的座位比以前更多了。

可是，有谁会格外喜好中间的座位呢？汉莎航空公司为什么要为此投资6亿美元呢？很显然，汉莎航空公司是从技术的角度来考虑采购需求的。在当时的新机型市场上，波音737的确是最好的选择。但购买新飞机不一定就是正确的决策。

在确定了DC-9型客机还将使用几年的政策后，我们决定利用这段时间，设计出一种能使乘客更为舒适的真正意义上的新机型，而这也将成为我们与其他航空公司相比的竞争优势。当然，我们也需要最先进的硬件设备，但最终追求的还是一种被称为“乘客满意客机”（Passenger Pleasing Plane）的航空工具，简称“3P客机”。高层主管认为，从我们最初的DC-3型客机开始，公司的目标就是最大限度地使乘客感到舒适。客机的改革应包括：增大随身行李存放空间、拓宽走道及舱门以方便旅客走动及上下飞机、取消位于中间的座位、减少舱内噪音。

董事会决定，由董事长科特·尼科林、执行副总裁弗雷德·埃里克森

（Frede A.Eriksen）和我合作，三人共同负责与飞机制造公司讨论相关事宜。很快，我们便了解到“3P 客机”为何从未问世的原因。与其他行业一样，飞机制造公司也必须投顾客所好。作为他们的顾客，各大航空公司高管总是过于迷信技术创新，因此导致乘客舒适问题被忽视。

我们拜访过位于西雅图的波音公司，并会晤了该公司最高管理团队的全体成员。他们的产品介绍显然经过了精心编制，然而却未能脱离俗套。他们向我们展示了巨幅彩色照片，上面是赫然印着北欧航空公司标志的新型客机。我们礼貌地听完报告，接着便表示了真正的来意——我们对现有机型不感兴趣，希望波音公司能够设计出一种满足顾客需要的飞机。毕竟，他们才是花钱坐飞机的人。

他们认真地聆听着，但我怀疑这些人能否真正明白。最后，他们问我们到底是什么意思。工程师出身的尼科林拿出一张餐巾纸，在上面画了一架传统飞机的草图。他描出椭圆形机身的横截面，指出现有的机舱地板就位于这个椭圆形的最宽之处——即中间位置。这意味着，整架飞机只有 50% 是用来承载乘客的。

“我们可以把椭圆形这样侧过来，”尼科林说道，“再把地板置于底部，而不是中间位置。这样，就可以利用 80% 的空间来承载乘客。”

“非常有趣！”他们礼貌地做出反应。接着便列举出空气阻力等各式各样的理由，并因此认为这种设计不可行。

然而，几周之后，波音公司的董事长打电话告诉我，在巴黎将举行两年一度的航空展，请我一定要和他在那里会面。我欣然前往。见面之后，他迫不及待地从手提箱里拿出一大叠草图。原来，在西雅图会面之后，他们向波音公司的设计部门提出了我们的“天真”创意。谁料，设计人员立刻打开一张张草图，都是从乘客舒适角度出发考虑的绝佳创意。

高层主管问道：“为什么以前不拿出来给我们看呢？”

“没有人说过要看这种东西呀！”设计人员回答道。事实上，这些草图都是他们利用业余时间“偷偷摸摸”绘制的。因为他们自己也不相信，以乘客舒适为目标的设计创意会得到上级的重视。

1985年，我们与波音公司正式合作，共同研发以乘客为导向的新型客机，预计20世纪90年代正式投入使用，而那也正是DC-9型客机“寿终正寝”之时。如今，“3P客机”的概念已经广为航空界所知。可以肯定的是，它必将成为新一代飞机的发展典范。

这个故事再次表明，以顾客为导向与以产品为导向的政策之间存在着巨大的差异。长期以来，飞机制造公司一直在和技术人员讨论技术问题。每次变革设计，都围绕着降低每个座位每英里运营成本进行。从来没有人想过，即使单位成本没有降到最低水平，飞机外型的改善也将带来更多利润。

我并不是在指责波音公司的最高管理团队顽固不化，他们已经尽其所能地在满足顾客的需要了。而各大航空公司的高层主管也没有错，他们已经习惯了在成长迅速，但竞争有限的市场环境中经营。但如今的情况却已经大不相同了，我们必须发展新的思维方式。

我对北欧航空公司的了解越多，就越感到，公司的许多政策及工作流程都是基于设备或员工的需要建立的，根本没有理会是否会给旅客带来不便。同样令我意想不到的是，只要我们从顾客的角度出发，把经常搭乘北欧航空公司班机的商务旅客放在首位，那么发现并纠正这些问题简直轻而易举。

一天清晨，我从纽约乘机抵达哥本哈根，准备转机前往斯德哥尔摩。由于随身携带了很多行李，并且坐了一夜的飞机，我感到疲惫不堪。一来到候机室，便四处张望寻找前往斯德哥尔摩的通道，却只看到洛杉矶、芝加哥及里约热内卢的指示牌。

于是，我向北欧航空公司的一位职员询问，转机到斯德哥尔摩应该从哪里登机。他告诉我在 A 口登机，距离此地约半英里。

“为什么不设在这里呢？”我问道，“我们一大批人都是要去斯德哥尔摩的。”

他看着我，用略带优越感的口气回答道：“只有宽体客机才能停在这里。”

“我明白了，”我说，“你的意思是说，我们这些刚从纽约搭飞机到此地的人只有转机到芝加哥才能坐这种飞机是吗？这就是所有宽体客机排列在这里的原因？”

“那倒不是，”他回答道，“宽体客机在这里集合的原因，是为了方便维修工保养。”

“那为什么我要坐的飞机在机场的另一端呢？”我继续问道。

“因为每天清晨，航班主要都集中在机场另一端的丹麦国内航线上，而 A 登机口离国内班机的候机室比较近。”

我想要说明的是，我现在正站在这里，而不是机场的另一端，如果能在这里转机该有多好啊！

问题在于，航空公司竟然为了方便飞机本身来安排飞机的停靠位置。因此，地勤工作人员总是选择靠近维修处或者飞机着陆点的区域作为登机口。

以前，我们听到太多商务旅客抱怨在哥本哈根机场转机时遇到的窘境，却从未听过哪个航班的员工抱怨要把飞机拖到几百码远的地方。在今天的哥本哈根机场，越来越多的飞机在登机口之间被拖来拖去。往日，约有 2/3 的旅客必须在哥本哈根机场更换登机口，而现在这一比例已经降至 1/3。这样做的结果是，旅客无需再急匆匆地赶往登机口，同时，飞机因等待转机旅客而造成误点的情况也减少许多。

还有一个例子是，我们开辟了从斯德哥尔摩直飞纽约的航线。尽管承担出航任务的并不是公司里最棒的飞机，但这一决策正是为了满足旅客需要而特别制定的。

多年来，北欧航空公司只有两条航线飞往纽约：一条是从斯德哥尔摩起飞，中途经过奥斯陆，再搭乘波音 747 转机；另一条是从哥本哈根直飞纽约。后来，我们把重点放在商务旅客身上。对这些人来说，最重要的是便利，而不是价格。因此，我们决定使用 DC-10 型客机，承担从斯德哥尔摩直飞纽约的飞行任务。

尽管这条航线在纸面上算起来并不赚钱，但我们还是决定每周试飞两个班次。不到两个月，这条航线就成了北欧航空公司最赚钱的长途航线。我们决心找出其中原因。

我们发现，由于以前飞往纽约的旅客只有两种选择：要么在哥本哈根转机，要么在奥斯陆转机。于是，一部分人就会因此而改乘其他航空公司的班机，比如从斯德哥尔摩飞往伦敦或者阿姆斯特丹，然后再在当地转机。特别是当最终目的地为美国其他城市时，他们一定会选择从其他欧洲城市直飞目的地的航班。

但在我们推出从斯德哥尔摩直飞纽约的航线以来，北欧地区的商务旅客无一例外地选择了我们的班机。

在发展商业战略的过程中，有一种挑战是最容易被忽视的。那就是何时该对一些看似“精彩”却并不适合公司发展的想法说不。我记得曾经向西蒙·斯皮斯（Simon Spies）先生（北欧地区旅游业的专家）请教：你们为什么不提供特别的儿童旅游服务？

他回答道：“发展儿童旅游或相关服务的确很不错。但关键在于，我们已经将公司的服务重点放在了成人身上，具体来说，就是所有单身游客及夫妇游客。我们的任务就是为他们设计简单、满意的旅游行程。而儿童旅游并不适合这一服务重点。”

他晃了晃食指，继续说道：“詹，永远都不要忘记，要做好生意，就得懂得拒绝不好的生意。我不在乎每年会流失多少家庭型游客，一旦决定了自己的服务对象，就要竭尽全力为这些人做好服务。”

每个月，北欧航空公司都会收到上百个创意与建议，但只有一小部分符合我们的目标——为频繁出行的商务旅客提供最佳服务。如果我们再为这些目标之外的事情多花心思，实在是一种浪费！

举例来说，每年圣迭戈都会举办国际旅游行业大会，很多航空公司都愿意抓住这个机会展示自己。有一年，20 名北欧航空公司员工提出申请，希望按照“惯例”参加这一大会。但我们并没有批准，理由是，我们为什么要对旅游行业大会那么感兴趣？那与公司的商务旅行战略一点关系都没有。

还有一次，我们获准借西伯利亚上空由北欧飞往东京。这让大家兴奋万分，因为这条航线将比以前节省 5 个小时。我们预期，该航线一定会吸引更多商务旅客。

于是，有人建议回程航线可以稍微绕远一些，在安克雷奇暂停。他的理由是，如此一来飞机将在次日清晨抵达北欧。那么，日本旅游团不仅省下了前一晚的住宿费，还可以一大早便展开观光行程。

这个创意非常好，除了一点：与我们服务商务旅客的方针有所违背。实际上，对于商务旅客来说，这种安排十分不利。他们绝对不愿意在飞机上多待 5 个小时，一大早再拖着疲惫不堪的身体匆匆赶往会场。他们渴望乘坐最快的航班，于晚间到达旅馆，花上几个钱睡个好觉。

在以产品为导向的公司里，其决策都是基于产品或技术而制定的；以顾客为导向的公司则在市场的引导下完成一切工作，包括决策、投资、改革等等。

如果我们决定成为“旅游航空公司”，就绝不会将空客飞机封存起来，也不会继续使用 DC-9 型客机，更不会使用 DC-10 型客机承担斯德哥尔摩直飞纽约的航线，或者反对在安克雷奇暂停的建议。相反，我们将采购更新、更大的客机，减少班次，设法吸引更多的日本游客，由此降低每英里每位乘客的成本,进而降低票价。因为游客不在乎多等几天,只要机票足够便宜。可是我们的目标是商务旅客,他们宁愿多付一点钱,也不愿意有任何不便。是顾客的需要使我们更加坚定,一定要把既定的战略更好地执行下去。

然而,我们对商务旅客的关注并不意味着对观光旅客的忽视。事实恰好相反。我们为商务旅客做得越多,也就越有可能为观光旅客提供低廉的机票。

我们拥有越多全价机票的商务旅客,每一班次的利润就越高。由于航班日期及起飞时间等原因,每次航班总会留有一些空位。正是因为支付全价机票的商务旅客保持了较高的日常“出席率”,才使得我们足以支付飞机出行所产生的成本,并进而推出折扣票价,将空出的座位排满。每售出一张折扣机票,班次的利润就会提得更高。如此良性循环,公司的总营业额也大幅增加。久而久之,商务旅客也可以享受到折扣票价了。

这就是我们一直以来所致力的工作。今天,北欧航空公司拥有全欧洲最低廉的观光旅客票价,由此得到的收益最终又回馈给了我们的主要顾客——商务旅客。

Moments of Truth

06

一线员工比管理团队更了解企业

关键时刻的原则之五

MOT

关键时刻MOT语录

◎ 以顾客为导向的公司在组织上应具有适应变化的特点。

◎ “管理”现在已经由高层主管的专利转变为执行层面的责任，每个人都是“自己所面对的特殊情况”的管理者。

◎ 担任领导职位的经理人需要重新学习如何管理，而一线员工则要制定所有的工作决策，因为他们才是在“关键时刻”影响顾客印象的决定因素。

◎ 我们在建立扁平化组织的同时，工作仍然是自上而下的：由高层管理者提出公司目标，中层经理负责将这个大目标分解为若干小目标，交由一线员工去完成。这样，中层经理的角色就顺利地由管理者演变为支持者。

◎ 为了激励和支持一线员工，我们需要通晓有关督察、传授、批判、赞美、教导等方面知识和技巧的中层经理。他们有责任将最高管理者的整体战略转变为一线员工可以切实遵行的方针，并调动必要资源，帮助一线员工达成目标。这一切都需要中层经理具备富有规划性、创造性和足智多谋的头脑。

◎ 发展员工的技能不能仅凭借固有的规则，而应通过设定目标并赋予他们完全的责任来实现。

◎ 创造出更坚强、更富有弹性的组织，不仅可以为顾客提供更好的服务，同时也激励着员工发挥最大的潜力。

关键时刻MOT实录

…………塔诺斯基的改革

几年前，沃纳·塔诺斯基（Werner Tarnowski）受命担任北欧航空公司斯图加特分公司的主管。面对陈旧的公司组织结构，塔诺斯基上任伊始就设定了三大目标：(1)在不牺牲服务水平的前提下，尽量降低成本；(2)提高员工的办事效率；(3)赋予组织结构更大的灵活性。

斯图加特分公司有两个办公地点，一个位于市区的票务处，塔诺斯基及其他区域经理在那里办公；另一个设在机场，相关的地勤人员都在那里。

事实上，位于市区的票务处并没有多大用处，只是偶尔为附近下榻的北欧旅客暂时聚会之用。而且，票务处也无法处理顾客或旅行社的电话业务。

机场办公室的情况也差不多，这里的地勤人员工作量并不大。每天只有一班飞机往返于斯图加特和哥本哈根之间，晚间降落，第二天清晨起飞。而北欧航空公司的货机也是每天早晨在此停留。货运人员几乎无事可做。

于是，塔诺斯基决定关闭市区的票务处，全员集中到机场办公，同时重新安排整个组织。他要求地勤人员和票务人员相互传授工作技能。这种互惠的训练计划，目的是为了引入新的工作流程，但同时也让每位员工扩大了工作领域的知识。

如今，北欧航空公司在斯图加特的工作内容已经实现整体化。

票务人员必须同时负责货运与客运，所有员工都要负责接听电话、处理票务、旅客登记、顾客服务及行李查询等工作。

经过塔诺斯基的改革，斯图加特分公司的运营成本大大降低，不仅是因为减少了一处办公场所，更在于员工的生产效率大大提高。关键是，服务水平并没有降低。事实上，由于组织变得更富有弹性，服务反而更好了。如今，每个人都了解其他人的工作内容，因此只要有人在，问题就能得到解决。对许多人来说，工作变成了充满乐趣和挑战的事情。

斯图加特分公司的故事，很好地说明了扁平组织与金字塔式组织相比所具有的优势。任何希望以顾客为导向，并在“关键时刻”留下良好印象的公司，都必须要设法使原来的金字塔式组织结构扁平化，即减少组织层级或命令链，让员工能够直接、迅速地反映顾客需要。换言之，以顾客为导向的公司在组织上应具有适应变化的特点。

“管理”现在已经由高层主管的专利转变为执行层面的责任。每个人都是“自己所面对的特殊情况”的管理者。当问题产生时，每位员工都有权分析现状、采取行动，或请他人协助，或自主执行，保证该行动得以实施。

我把每个人都称为“管理者”，并不是在玩文字游戏，而是要提醒我的手下，特别是位于传统的金字塔式组织顶端的高层主管，他们的角色已经发生了彻底的改变。担任领导职位的经理人需要重新学习如何管理，而一线员工则要制定所有的工作决策，因为他们才是在“关键时刻”影响顾客印象的决定因素。

下面两则故事会有助于我们认识到，金字塔式组织结构的扁平化将如何使航空公司员工更好地满足旅客的需要。

假设你正准备搭乘北欧航空公司的班机从斯德哥尔摩飞往纽约，并事先定好了一份素餐。当你赶到登机柜台时，对素餐是否已经送来感到有些不安。

地勤人员回答道：“我不知道。很抱歉，我现在很忙，而且我也不熟悉餐饮部的工作。”

“那我该怎么办呢？”你问道。

“您还是到门口的问询处询问一下吧，他们一定会帮助您的。”

说完，她又开始忙着接待下一位旅客。你别无选择，只好走到门口再问一遍。

门口的接待员很友善，但他也不知道这份素餐是否已经送到：“我很愿意帮助您，可是这里和餐饮供应没有关系。等您登机以后，不妨问问空乘人员，问题一定会解决的。”

你有些不满地登上飞机，并找到空乘人员，她显得有些惊慌失措，并表示根本就不知道有人订了素餐这回事。可是飞机就要起飞了，现在一点办法也没有了。“您应该早一点通知我们的，”她用带着斥责的口吻说，“如果事先知道，就不会出这种问题了。”

在这个例子里，正是传统的组织结构破坏了三次宝贵的“关键时刻”。旅客所接触的三名员工都没有权力处理特殊问题，也没有人敢尝试着越权解决。

现在，我们假设这个金字塔式的组织结构被压扁，有一组人被授权专门负责斯德哥尔摩至纽约航线的全部事务。

该小组共有 15 名成员。其中两人扮演“指挥”的角色，一人负责舱内，一人负责舱外。舱内指挥向机组人员讲解起飞前的各种准备工作，如登机时间、婴儿和残障人士的注意事项以及是否有人预定了特殊餐点。

清晨，舱内小组成员到登机柜台集合，替乘客解决票务、座位安排以及易碎行李等问题。如果他们看到一位带着婴儿的母亲，会立刻向她报以热忱的微笑，并告诉她机上已经准备了一个悬挂式摇床，可以摆在她座位的旁边。

这时，如果你前去登机柜台询问素餐是否已经准备好了，就绝不会发生被工作人员打发走的情况。感谢新的团队作业方式，使你的素餐成为每个工作人员的责任。他们有权承诺餐点将准时送到机内，或者立即采取行动确保它在你登机之前准备好。

随着登机人数逐渐增多，小组成员转移至登机口，逐一向旅客招呼示意。由于他们对整条航线十分熟悉，一般旅客询问的问题都可以轻松作答，比如：从肯尼迪国际机场怎样转机去拉瓜迪亚机场；为什么飞机要在奥斯陆经停；准确的飞行时间是多少；飞越格陵兰上空时，机长会不会通知旅客等等。

只要旅客一提出问题，一线员工就会立刻回答。他们不需要等待上级的批准，就能自行解决各种“疑难杂症”。因此，没有旅客在登机时还忧心忡忡。

更进一步说，一线员工被授予更多的责任后，他们一直以来渴望提供的服务才得以实现。事实上，以前正是由于组织结构的弹性不够，才使得他们的能力没有得到发挥。

就拿机上的广播来说吧。从前，北欧航空公司的播音员都是根据工作手册逐字照念的。但当他们获得了更多的弹性之后，就可以脱离手册，结合自身、乘客以及当时的具体情况，以一种谈话的方式进行播报。

那么，员工是否接受我们的建议呢？至少有一人是这么做的。1982 年 9 月 20 日清晨，一架飞机从斯德哥尔摩飞往哥本哈根。前一天正是失势长达 6 年之久的社会民主党赢得大选的日子。机长拿起麦克风说了一声：“早安，各位同志。”接着，便发表了一篇精彩的演说。

工作手册里可没有写明，在一架清晨起飞、坐满商务旅客的飞机里，如果遇到了前一天社会民主党赢得选举的情况，机组成员该如何表示。但这位机长显然懂得运用上级赋予的权力，把握住了“关键时刻”，让这些商务旅客听到了一次难忘的演说。

还有一次，一名好奇的经济舱乘客偷偷溜进了头等舱。乘务长看到这一情况，立即邀请他进来参观，甚至还请他喝了一杯酒。“你最近在这里工作有什么感想？”这名乘客问道。

“棒极了！就像在一家完全不同的公司一样。”

“你能不能说得具体一点？”

“就像我现在带着您参观、请您喝酒，都不用请示上级，事后也不必写报告说明为什么要这样做，酒为什么少了一杯。”

当然，我在北欧航空公司进行的各项改革并非一帆风顺，也并不意味着没有经历过痛苦。当我刚刚加入公司时，由于急于寻找解决财务困境的方案，在金字塔式组织结构迅速扁平化的过程中，磕磕绊绊的情况时有发生。

起初，考虑到变化太快不易接受，我们绕过了中层经理，直接对一线员工授权。一线员工也越过他们的顶头上司——中层经理——直接向高层主管寻求帮助。我们通过向所有员工发放备忘录的形式，重申一线员工拥有自行决策的权力。

一线员工很快就有了出色的表现，但我们也忽略了组织中出现的其他问题。

中层经理不可避免地对新角色感到困惑，甚至表现出敌对、不合作的态度。他们被突然置身于一个陌生的环境中，不得不承受来自上下两方面的压力。上级的指示与以往的经验和自身的期望相冲突。他们尽管明白指示的内容，却不知道该如何转化为实际的行动。下属又不断地要求责任与权力，让他们感到既有地位受到严重的威胁。

我们要求中层经理走出办公室，聆听一线员工的心声，了解他们在工作中需要些什么。可是，中层经理不习惯担任支持的角色，尤其是支持以往被自己呼来喝去的属下。事实上，所谓支持，就是要关注对方的需求，而不是管理他们。和很多公司一样，北欧航空公司也曾经认为应该把支持和服务的工作交给普通员工。但员工一旦升职，就更多地承担起管理的工作，而离服务越来越远了。

因此，尽管我们重组了公司结构，中层经理仍然坐在办公室里，面对着一大堆政策、规章和指令。每当一线员工“打破规则”去帮助顾客，中层经理就本能地采取抵制的做法。此举大大激怒了一线员工。

我们所实施的分权战略在一线员工中反响很大。而在如何激励中层经理这个问题上，我们更是花费了一番工夫。举例来说，有一次我从纽约回到瑞典，当我到达机场候机室时，发现现场一片混乱。原来，对应飞机班次与行李传送带的监控器出了问题，人人都在发疯似的寻找自己的行李。

我向服务中心的柜台小姐建议手写一些标志，以缓解混乱的局面。

“我也希望能帮得上忙，”她回答道，“从上周一开始系统就出故障了。我向领导建议应做一些标志，以帮助旅客寻找行李。但领导说不必了，他很快就会派人来修理的。”

“但已经拖了一个星期了呀！”

“我知道！但事情已经发生了。领导说他‘保证’一定尽快修复。”

回到办公室后，我立刻打电话给分部经理，要他联系这位柜台小姐的领导，并且给他两个选择：一是请他马上离开宽敞舒适的办公室，亲自到现场去看看该怎么办；一是把决策权交给一线员工，他继续享受自己的办公气氛。

这位领导显然不了解，在新的组织结构下，他所扮演的角色已经发生了改变。过去，他只需对下属发号施令就可以了。如今，他必须让下属了解部门的目标，并为他们提供信息和资源，进而完成候机室的工作目标。他不能再像以前那样，坐在办公室里决定该不该用手写行李指示的标志。

其实，类似这样的错误大部分都是我们自己造成的。在授权一线员工的同时，我们并没有告诉中层经理该怎样处理新的角色。他们习惯了传达指令的工作，情况一旦发生变化，士气自然大打折扣，他们以为自己被降级了。

事实上，北欧航空公司在进行组织变革的初期是成败参半的，这里还有一个例子。

有一次，由于大雪导致飞往瑞典的班机无法准时起飞。为了安抚旅客的心情，一位乘务长决定为每人提供一份免费咖啡和点心。根据她的经验，这样做会超出每班次免费供应的数量，于是她向餐饮部申请供应额外的40份咖啡与饼干。

餐饮部主管当即拒绝了这项违反规定的申请。可是乘务长并没有气馁，她注意到一架芬兰航空公司的班机正停靠在另一个登机口。她知道，芬兰航空公司的餐饮由北欧航空公司提供，但不受北欧航空公司内部规定的约束。

她脑筋一转，立刻找来芬兰航空公司的同事，让他帮忙订购40份咖啡与饼干。按照规定，芬兰航空公司的餐饮部主管有义务帮这个忙。于是，这位员工只花了很少一点钱就买到了40份咖啡与饼干。旅客们品尝着安慰食品，露出了感激的表情。

在这个故事里，这名员工大胆地绕过规定满足了顾客的需要。但若是在以往的组织结构中，她是无论如何也不会这么做的。而餐饮部主管也无法理解，为什么下属竟敢越过他的职权范围，擅自做出决定。难怪他会感到既困惑，又愤怒。

可是他不了解，当下属试图满足顾客时，绝不应该怀疑他们的动机或者干涉其行为。在这样的“关键时刻”，乘务长如果没有迅速采取行动，就有可能永远失去满足这些顾客的机会。她也可以向主管提出请求，但这样做极有可能引发一长串审批流程，直到延误的班机起飞也决定不了。餐饮部主管或许可以事后向这名员工问明情况，但在“关键时刻”，绝对不能干涉一线员工的行动。抓住宝贵的机会向顾客提供服务是一线员工的责任，而支持他们达成这个任务则是中层经理的责任。

后来，我们建立了一个更加清晰的概念，在建立扁平化组织的同时，与中层经理沟通他们的新角色。工作仍然是自上而下，由高层管理者提出公司目标，中层经理负责将这个大目标分解为若干小目标，交由一线员工去完成。这样，中层经理的角色就顺利地由管理者演变为支持者。

人们有时会认为，授权就等于放弃个人影响力。这种想法完全错误。事实上，在一个分权组织里，中层经理的角色对于职能的顺利运作是必不可少的。

为了激励和支持一线员工，我们需要通晓有关督察、传授、批判、赞美、教导等方面知识和技巧的中层经理。他们有责任将最高管理者的整体战略转变为一线员工可以切实遵行的方针，并调动必要的资源，帮助一线员工达成目标。这一切都需要中层经理具备富有规划性、创造性和足智多谋的头脑。

比如说，中层经理可能会要求行李搬运人员在旅客到达前将行李卸到输送带上。搬运人员回答道："好的，我接受这个任务。但我还需要额外的3辆搬运车和7名工人。"换句话说，他是在告诉中层经理："如果你要我达到这个目标，可以，但你必须提供给我必要的资源。"因此，中层经理必须想办法解决这个问题。

如果问题很重要，中层经理就不得不重新分配预算。一个有创意有勇气的经理甚至有可能为了取得令人满意的结果而突破预算。但如果他不了解新的组织结构，则一定会断然拒绝超出预算的申请。

举这个例子的重点在于，中层经理应该评估投入额外支出后可能争取到的市场份额。如果这项投资与满足商务旅客的战略相一致，那么就应该批准；否则，资源就需要应用到其他能实现这一目标的地方。

发展员工的技能不能仅凭借固有的规则，而应通过设定目标并赋予他们完全的责任来实现。我再用下面这个实例加以说明。

商务旅客在选择航空公司时，最看重的是时刻表，因此航班安排应该紧密，且行程要方便。另外一个重要的因素就是准时，飞机必须按时起飞。

在我刚到北欧航空公司的时候，班机误点的情况正在迅速恶化。从旅客的反应就能看出问题有多么严重。由于班机经常误点，旅客已经习惯了在预定起飞时刻的前一分钟抵达机场，甚至还有人来得更晚。如果他们提早来，只会在机场浪费时间。甚至北欧航空公司的工作人员也放弃了敦促旅客。

大家都在谈论准时，却没有人采取行动。就算有人提出这方面的建议也多半被驳回，因为争论的焦点是增加人手或添购客机，而这样做又会导致过高的费用。

不久我们就意识到，真正的问题在于没有人对按时起飞负全责。于是，我们开始在组织里寻找适当的突破点，以部署相关责任。

当时，位于哥本哈根的操作控制中心可以确保飞机和人员在预定时间内待命。于是，我找来该中心的经理约翰·西尔维斯特（John Sylvest），问他是否有决心在6个月内，把北欧航空公司变成全欧洲最准时的航空公司。他表示愿意承担这项任务。我接着问他为此需要投入多少钱。

他向斯德哥尔摩总部提交了一份详细报告，并请来几位专家为各项细节进行解释。我们没有听他长篇大论，而是直接请他说出结论。他回答说：“180万美元。只要给我这个数目，我保证在6个月之内达成目标。”

没错，我们当时正承受着巨额亏损。可是如果花 180 万美元，就能使我们成为全欧洲最准时的航空公司，那么这笔开销实在是微不足道。于是，我们对详细报告看都没看，就批准了他的申请。

西尔维斯特有点困惑，我们竟然对他列举的事实和建议不感兴趣！是的，我们只关心结果，至于具体工作细节完全由他决定。

不到 4 个月，我们就达到了目标，而且只花了 20 万美元！

这是怎么一回事呢？

前面曾经说过，商务旅客所谓的“准时”，并不是飞机的到达时间，而是起飞时间。当人们看着时间一分一秒过去而飞机仍未起飞时，心里肯定会感到紧张不安。西尔维斯特所要实现的目标，就是让班机准时起飞。

当时，我们在主观上希望提高服务意识，但工作人员之所以会延误班机的起飞时间，是为了等待某些转机的乘客，即便他们乘坐的头一班飞机晚点也是如此。毕竟，把转机的乘客丢在机场径自起飞不算是良好的服务。因此，许多北欧航空公司的班机就这样待在停机坪上互相等待！这种情形遍及世界各地，而且越来越严重。

可是，决定一旦做出，解决办法就变得很简单：如果转机航班未能准时抵达，则表示这个班次表现得太差。其他班机不能等待，必须准时起飞。这样就避免了连环误点的现象，按时起飞的目标终于实现。

以往，如果某一位空乘没有按时赶到，乘客就不得不坐等替补人员到达。现在，控制中心发布了最新指示：只要空乘人员达到最低人数，飞机就必须准时起飞。安全保障固然不能降低，但商务旅客情愿机上的服务速度慢一点，也不愿意飞机误点。

有关餐饮的服务原则也进行了相关改动。按照手册规定，每位乘客都会得到一份餐点。如果少了一份，飞机一定会等人送来以后再起飞。西尔维斯特则改变了这一做法，要求飞机照样准时起飞。“总有人是吃过饭才上飞机的，或者准备下了飞机再吃。如果这些情况都没有，我们也可以在到达机场后再请乘客吃一顿。这相对于准时起飞来说是值得的。”

接着，西尔维斯特又取消了被称为“并机”的以产品为导向的做法。以前，如果一班飞机旅客人数不足半数，公司就会要求这些旅客改乘下一班次。这种现象在飞往斯德哥尔摩、奥斯陆和哥本哈根的班机上尤其普遍。公司认为在石油危机期间，并机可以节省不少燃料费用。

尽管上一年北欧航空公司确实因此节省了 260 万美元，但也引起了旅客的极度不满，并加重了误点现象。因此，西尔维斯特提出 180 万美元的增资计划，意在保证所有飞机准时起飞，即使只有一半乘客也是如此。

计划一经推出，北欧航空公司的声誉也随即传开，许多新旅客都赶来搭乘，再也没有出现只有一半旅客乘机，而不得不进行并机的情况！

准时计划的最大成就，在于集合了全体员工为着同一目标共同奋斗。公司以往规定 80% 的航班必须准时起飞，这便给每个人都留下了推脱的借口。既然公司允许 20% 的飞机迟飞，那么就算是无法保证飞机准点又会有什么责任呢？

现在的目标是 100%。不需要高层管理者再下更明确的指示，每一位员工都会努力让工作更顺利、更有效率。“准时起飞”成了所有人都关心的事情。以前，没有人会对此负责，现在人人都有责任。

在推行准时计划的同时，公司还设了一个新职位——“服务经理”。服务经理的职责是确保所有问题“就地解决”，绝不带给飞机上的机组人员。此外，他还要协助乘客登机。如果某班次人数过多，就可以无视手册中规定的登机时间，安排旅客提前登机。

技术人员也要有所贡献。根据维修规定，DC-9 型客机每次检查都必须是 15～19 个小时。然而，自从推行了准时计划以后，维修的时间逐渐延长了，每到派机时间，飞机总是没有准备好。通过紧缩服务时间，我们重新保证了 15～19 小时的维修。工作效率提高的同时并没有降低安全性。事实上，准时计划也激励了维修的精确度，员工们的安全意识也大大提高了。

我对准时计划的热情参与令员工们大感意外，说实话，这也是我本人一开始没有料想到的。有一天，我办公室的门被一群员工敲开，他们走进来向我展示新的电脑终端。我很困惑，因为我并没有要求过他们这么做——后来才明白，这是服务部门的新经理下令为我提供的。为了向组织展示他们完成准时计划的决心，他决定让总裁随时了解所有发生的情况。

这一终端系统每 5 分钟就自动更新一次。我既可以看到准时计划的整体进度，也能浏览到每个特殊的工作细节。比如，当我发现奥斯陆的员工正在想办法克服恶劣天气准时起飞时，我可以马上打电话向他们表达感激之情。再比如，我了解到有一架飞机晚点了，也会打电话给服务经理：“我是詹·卡尔森，我想了解一下为什么那架飞机会延误。”

当然，就长期而言，我不会一直监视哪一架班机准时，哪一架延迟。

但在计划推行的初期，这样做无疑是向所有员工表明，我对他们的努力有多么关心。

尽管我们在改革中遭遇了一些挫折，北欧航空公司的金字塔式组织结构最终还是成功地实现了扁平化。许多员工告诉我，他们重新获得了工作动力，对工作也充满了信心。

我强烈建议所有领导者都贴近自己的组织，对其进行认真的审视。如果能够把金字塔式结构改成扁平化结构，必将由此创造出更坚强、更富有弹性的组织，不仅可以为顾客提供更好的服务，而且也激励着员工发挥最大的潜力。总之，结果绝对超出你的想象。

Moments of Truth

07

该冒险的时候必须勇敢一跳

关键时刻的原则之六

MOT

◎ 不论个人还是公司，该冒险时都必须勇敢一跳。对公司来说，我们称这种跳跃为“执行”。制订一个明确的战略将使执行更加容易。而决策者的勇气与直觉至关重要，有时甚至要“鲁莽”一点。

◎ 我并不是反对分析性的思考。分析的确很重要，但应主要用在制定整体商业战略上，而不是局限在战略中的个别要素上。

◎ 经理人不愿“冒险一跳”的原因还有一个，那就是他们认为很多事情是根本做不成的。

◎ 我经常强调一种“穿墙而过”的心态，即克服心理障碍。你或许认为某个目标不可能达成，但至少应该在试过以后再下结论。面前的这堵墙看上去也许很高，但实际上很可能没有那么结实。没准它根本就是纸糊的，那你穿过去还不容易吗？

◎ 大多数一线员工都习惯照章办事，很少有人敢于尝试做一些不寻常的事。对他们来说，与其做出领导不喜欢的事情，还不如直接听命来得简单。

◎ 如果一线员工愿意冒险做出决策，那一定是在有安全感的前提下才会这样做。公司必须让他们了解，犯错是难免的。只有这样，他们才有勇气接受新的责任。

◎ 员工有犯错的权利，但并不代表他们可以以此作为无能的借口。特别是经理人，如果他不接受企业的整体战略，或者无法完成目标，那么公司也不会让他继续留在原来的岗位上。

关键时刻MOT实录

············洛妮雅的“勇敢一跳”

在瑞典，流传着一个古老的传说，讲述的是中世纪一位名叫洛妮雅的女孩,爱上了敌人家的男孩。这两个家族以一道鸿沟为界，只有跃过去才能到达对面，若不幸失足，必死无疑。

为了与心爱的人见面，男孩勇敢地跃过了鸿沟，来到洛妮雅的住处。洛妮雅的父亲一看到男孩，便把他绑了起来，准备以之要挟，击败对方。

为了解救男孩，洛妮雅来到鸿沟旁，准备跃过去。如果她一跃而过，对方一定会将她俘虏。这样一来，两边旗鼓相当，都不会轻举妄动。可是如果她跳不过去，那么一切都完了！不仅她会丧失性命，她的爱人也会惨遭杀害。

一切都要看她的勇气了。如果失败，结局当然很悲惨。可这是她唯一的机会。

结果，洛妮雅跳了过去，她成功了！

洛妮雅知道，每个人都有这种不得不做出抉择的时刻。凡事选择安全的人绝不可能到达鸿沟的对岸，他们将永远站在失败的一方。

不论个人还是公司，该冒险的时候都必须勇敢一跳。对公司来说，我们称这种跳跃为“执行”。制定一个明确的战略将使执行更加容易。而决策者的勇气与直觉至关重要，有时甚至要“鲁莽”一点。这些特性可能无法一蹴而就，但只要勇敢推行下去，就会在一定程度上取得发展。

我们在灵恩航空公司和北欧航空公司执行的理念并不是什么新鲜玩意儿，也不是我们独创的。但是我们有勇气去做，这一点是其他航空公司未曾实现的。在灵恩航空公司时，我们采取降低票价的方式，使得以往只有商务旅客才会搭乘的国内航班，很快便得到了瑞典普通百姓的青睐。至少有上百人曾经当面告诉我：“降价并不是什么新鲜的事情。多年来，我一直在呼吁降价。如果你们肯把票价降低一半，一定会吸引许多乘客前来搭乘。”

是的，降价的想法很简单。事实上，很多航空公司也考虑过这一点。但在经过详细统计后，都一致认为风险过高。如果我是个小心谨慎的人，也会详细计算成本与收益，直到发现风险竟是如此之高，并不得不打消降价的念头。那么，我在灵恩航空公司肯定会一败涂地。但我并没有这么做，而是凭直觉行事。这对我来说就相当于洛妮雅的冒险一跳。

在北欧航空公司的经历也是一样。我们无法计算改革之后，投入的资金能否带来足够的收益。因此，我们只好凭着粗略的经济预估与内心的直觉作为行动方向。然而，在我们做出冒险的一跳之后，得到的远远超过了之前的想象。

不幸的是，许多经理人都缺乏必要的直觉、勇气与信念。传统的金字塔式组织多半由一批具备经济、财务或技术背景的专家所领导。这些人十分精明，却并不是优秀的决策者与执行者。每个问题他们都会找到十几种解决方案，可是就在需要决定时，他们又会发现另外5种方案。就这样错过了无数的大好时机。于是，他们又必须面对新问题，从头考虑解决方案。有时我不禁怀疑,他们之所以不断想出新的解决方案,是否就是为了避免“冒险一跳”。

在这里，我并不是反对分析性的思考。分析的确很重要，但应主要用在制定整体商业战略上，而不是局限在战略中的个别要素上。对理性的经理人来说，在北欧航空公司年亏损2 000万美元的情况下，再投入5 000万美元来改进服务，似乎有些不计后果。的确，如果增资计划未整合于整体商业战略中，我们也不会采取这一行动。

在决定增资之前，我们也分析了当时的市场环境，并据此拟定了目标与战略。只有在做过理性的分析之后，我们才决定冒这个险。就像当时洛妮雅所面对的一样，我意识到自己将冒很大的险，但同时那也是我唯一的选择。

其实灵恩航空公司之前也尝试过降价行动，可是这些行动太含蓄了，以致未能引起市场的重大反应。许多航空公司也曾在北欧航空公司之前推出所谓的“商务舱”，但这些商务舱和经济舱的差别并不明显。他们只采取了一些小的改动举措，比如提供免费饮料等等。这对于已经处于鸿沟边缘的企业来说根本不够。

时机也是市场分析的重要一环。想想看，是哪家汽车制造公司首先推出涡轮增压发动机的？大多数人都会说，是萨博汽车（Saab）。而很少有人记得早在1974年，宝马就率先引进了涡轮增压发动机汽车。为什么人们记不得呢？因为宝马的时机抓得不好，涡轮增压发动机引擎推出时正值石油危机，人们为了节省，只对省油、极速低的车子感兴趣。

经理人不愿“冒险一跳”的原因还有一个，那就是他们认为很多事情是根本做不成的。比如在北欧航空公司，高层管理者总认为政府一定不会同意公司的改革。在这种心态的影响下，连议案也不敢提了。甚至还以“政府不会同意”或“这件事根本行不通”为由，把创意掐死在萌芽阶段。

我经常强调一种“穿墙而过”的心态，即克服心理障碍。你或许认为某个目标不可能达成，但至少应该在试过以后再下结论。面前的这堵墙看上去也许很高，但实际上很可能没有那么结实。没准它根本就是纸糊的，那你穿过去还不容易吗？

我第一次“穿墙而过”是在不经意的情况下发生的。当我还是平安旅行社总裁时，听说英国汤姆森旅行社（一家大旅行社）每做一名旅客的生意，就能通过打包的T恤和游览等服务赚到20美元。而我们连人家的1/10都赚不到。既然我们有20万固定客源，显然也有上百万的利润可以创造。

我把情况分析给一位名叫克理兹·伯恩哈德（Claes Bernhard）的营销人员，要求他效仿汤姆森旅行社，赢取利润。我对他说：“只要达到每名顾客20美元利润的目标，你用什么办法都可以。”于是伯恩哈德推出了一套新奇的促销方法，并安排公司推销员进行业绩竞赛，奖品从汽车到奶牛，应有尽有。公司单位利润迅速涨至8美元，然而忽然就停滞不前了。我既失望又困惑，便派伯恩哈德到汤姆森旅行社讨教成功的秘诀。

汤姆森旅行社的人惊异万分。原来，我们错误地理解了20美元的含义，那不过是单位收入而已。事实上，他们的单位利润一直比我们原来的2美元还要低。如果一开始我就知道这个真相，很可能会满足于现状。但由于我的误会，反而激励我穿墙而过，大幅度提高了平安旅行社的利润。

在灵恩航空公司，我们再度穿过了一堵看似坚固的高墙。在我就任的5年前，灵恩航空公司曾经贷款7 000万美元，购进13架客机。令我困扰的不是贷款一事，而是这些飞机是从荷兰福克公司购买的，当时用的是荷兰币。汇率波动使我们凭空增加了1 000万～1 200万美元的债务。并且，由于我们负债金额过高，银行已经不愿贷款给我们了。看样子，情况必须加以改善。

我责成新上任的行政主管本特·哈格隆德（Bengt Hagglund）将贷款从荷兰转到瑞典。自此，我目睹他穿越了一面又一面的高墙。哈格隆德跑遍了瑞典所有的贷款机构，商谈贷款事宜。尽管灵恩航空公司的负债比率偏高，但由于银行对我们的新战略颇有信心，哈格隆德还是办成了。这个例子再度证明，如果我依照传统方法给他明确下令，绝对会抹杀他的创意。事实证明，贷款之所以会成功，很大程度上是由于他的创意。

后来，我们重组北欧航空公司，并鼓励员工发挥最大潜力，员工们开始视“穿墙而过”为“例行公事”。比如，当我们推出欧陆客舱时，希望尽量提高客舱及服务的品质。其中一点就是，分地点登记及快速登记。一般人都认为，北欧各国政府一向强调平等主义，不会同意这种按社会地位分别对待乘客的做法。这就是一堵传统的高墙。但结果怎样呢？我们提出申请案，并仔细解释了整体战略。北欧民航管理局了解到，这是我们转机战略的重要一环，很快便批准了我们的请求。

然而，自从我们推出欧陆客舱之后，就遭到了欧洲各大航空公司的群起反对。这是迄今为止我们所面对的最高的一堵墙，现在仍在努力穿越它。去年，法航也推出了类似的商务客舱，可是搭乘者必须支付昂贵的票价，比经济舱全额票价还要高出许多。

我们推出欧陆客舱的目的是向已经支付了较高票价的乘客提供更好的服务，但法航希望我们能像他们一样收取额外费用。

我们拒绝了这一请求。如果在从前，我们很可能会顺从竞争者的要求。但是经过重组的北欧航空公司绝不会轻易放弃自己的商业战略，即使各航空公司将由此引发战火。事实上，交锋已经开始了！

法航的行动的确对我们产生了一定的影响。在欧洲，各国民航之间都会达成一致协议，进行彼此约束。协议中规定了载客人数、票价、服务水平等内容，各大航空公司均不得有所差异。因此，每家航空公司对其他公司的特殊行动都有否决权。况且，法航还是法国官方控制下的国有公司。

由于北欧航空公司拒绝额外加收服务费用，法国决定中止与我们的民航协定。1981 年，法国政府威胁禁止我们的飞机飞往法国。这一次，北欧航空公司得到北欧各国政府的坚决支持，法国政府也遭到了同样的反击。

此举使法航立刻陷入困境。由于我们在机舱中采用可移动的隔断，所以能随时调整欧陆客舱与经济舱的空间，足以应付班机内两类乘客人数多寡不均的问题。而法航的商务客舱座椅固定，无法根据乘客人数的变化进行调整，这使得他们的盈利水平也受到了限制。

我们坚持现有的做法，而法航在其他欧洲国家的支持下也拒绝让步。我们几乎陷入了与欧洲所有航空公司为敌的境地。很明显，这是我们遇到的最高的高墙。但我们别无选择，只能想办法穿越它。

为了和我们的欧陆客舱竞争，法航不仅将商务客舱的票价降到同样水平，甚至把经济舱的票价也压低了。我们随即展开行动，也把经济舱票价压低。这场战争异常激烈，最后不得不由两国的外交部长在斯德哥尔摩的谈判桌上解决。后来，双方达成协议，欧陆客舱仍然维持现有票价，法航的商务客舱可以采用同样价格，而且经济舱的价格也可以适当降低，以满足更多商务旅客的需求。（事实上，法航从未执行过这一协议。直到今天为止，该公司还在为价格结构和北欧航线商务客舱的高空座率而烦恼。）

为什么这件事对我们如此重要？因为我们若是与法航妥协，对欧陆客舱乘客收取同样高价，那么欧陆客舱的计划就等于是失败了。穿越过法航这堵高墙之后，我们才真正实现了以经济舱价格提供欧陆客舱服务的原则。正是因为坚持并执行了既定的战略，这一目标才最终达成。

如果没有明确的战略，我们也不可能得到北欧各国政府的无条件支持。另外，与法航之间的战斗也极大地提高了员工士气。全体员工都紧密地团结起来，为着共同的原则一致对外。

不仅是高层管理者应当具有冒险精神，组织里的全体成员也必须学习如何承担风险。

遗憾的是，大多数一线员工都习惯照章办事，很少有人敢于尝试做一些不寻常的事。对他们来说，与其做出领导不喜欢的事情，还不如直接听命来得简单。而且，大多数情况下，权力都掌握在公司董事会手中。（这种情形十分普遍，只不过大多数高层主管都不肯承认罢了。）

如果一线员工愿意冒险做出决策，那一定是在有安全感的前提下才会这样做。如果错误的决策将使员工陷入麻烦，甚至丢掉饭碗，那么，即使拥有足够的智识与信息，他们也不可能这样做。公司必须让他们了解，犯错是难免的。只有这样，他们才有勇气接受新的责任。

安全感来自两个方面：外部和内部。而这两方面都是高层主管和中层经理可以设法给予的。

如果员工认为接受更多责任能够提高自我价值，那么他的内心安全感也会由此产生。埃里克·弗洛姆（Eric Fromm，著名心理学家、精神分析学家）曾经指出，就传统意义来讲，没有人会永远拥有权力与权威。因为他总有一天会失去高贵的头衔和豪华的办公室。但在现实中，权威与责任是和个人特性相关联的，比如智慧、专业知识以及良好的人际关系等等。这些都是其他人拿不去的东西。因此，我们的理想是使一线员工从内心培养出这种信念。

外来的安全感则依赖于组织的高层管理者。领导者与经理人必须给予员工适当的指导，而不是惩罚。这样他们才敢于承担风险，而不是一味担心犯错。教训可以作为今后引以为戒的案例，成功则是给予赞美或奖励的根据。对于犯错的员工，领导者应当给予解释的机会，而不是让他们心存畏惧。

需要说明的是，员工有犯错的权利，但并不代表他们可以以此作为无能的借口。特别是经理人，如果他不接受企业的整体战略，或者无法完成目标，那么公司也不会让他继续留在原来的岗位上。

根据瑞典的法律，公司不得无故开除员工，这使我们更加重视员工的就业保障。也许很多美国企业对这项法律不以为然，但我却认为这是我们的福气。正是由于政府法律的保护，员工才会没有后顾之忧地接受分权后的责任，并勇于承担风险。

令人惊讶的是，我们在全球各地的分支机构实施分权，取得效果最差的竟然是美国。我们一向认为，美国是一个充满自由和勇气的国度。但事实上却发现，美国人并不乐于承担工作上的风险。我认为这主要是因为多数美国企业并没有给予员工真正的工作保障。在美国，如果你不能让老板高兴，那么第二天就可能失业。

这里还有一个例子，更进一步说明了要让各级员工都勇于承担风险的观点。

有一次，一名瑞典企业高管搭乘专机从肯尼迪机场起飞，并准备在降落后转乘北欧航空公司的班机前往斯德哥尔摩。他电话通知我们可能会晚几分钟。虽然他并未明说，但很明显，这是在暗示我们要等他。

如果在以前，我们恐怕会这样做。若是怠慢这样一位重要人物，其后果不堪设想。最保险的做法就是让飞机多等几分钟，免得惹怒他。

可是当他抵达机场时，飞机已经准时起飞了。北欧航空公司的一名员工亲自迎接这位高管，并说明公司已经为他安排了半小时后起飞的荷航班机，机型和北欧航空公司的完全一样，座位也按照他通常预定的位置安排妥当。这名要人并没有抱怨，而北欧航空公司也保住了“准时”的声誉。所有这一切，都是因为这名员工敢于冒险，以不同寻常的办法解决了难题。

有一次，我和驾驶员一同坐在驾驶舱里。时间一分一秒地过去，就要接近那个“神奇”的时刻了。飞机会准时起飞吗？机长嘀咕着，原来有一个警告灯亮了，表示机舱内有一扇门没有关好。机长通过话筒通知机组人员把门打开，再关一次。就在机组人员到达那扇门的时候，时钟正好指向起飞时刻。突然，我听到砰的一声。这到底是怎么回事？机长咧嘴笑了笑，用手指指窗外。原来飞机外面有一名卡车司机，正向我们礼貌地示意，起飞的时间到了！

这件事对局外人来说可能没什么意义，但我却颇有感触，以往地位十分悬殊的机长和卡车司机，竟然也能够为了共同的目标友好合作，这真是一个生动的例子！也完全证明了北欧航空公司全体员工都在为“全球最准时的航空公司”的目标而努力着。

事实上，北欧航空公司已经成为全欧洲最准时的航空公司了！

Moments of Truth

08

“沟通”能提升执行力与利润率

关键时刻的原则之七

MOT

◎ 在一个以顾客为导向、分权的公司里，优秀的领导者应该把更多的时间花在倾听上。他与员工沟通，确保他们朝着共同的目标努力；他也和顾客沟通，使他们随时了解到公司的新举措。

◎ 领导者发布的信息越简单明确，人们就越容易懂得如何去追求这一目标。

◎ 最强有力的信息总是通过简单而直接的战斗口号表达出来的。它能深入组织的各个阶层，激发员工的昂扬斗志。这种信息不需要高高在上，甚至不必标新立异。

◎ 为了沟通信息，应该在必要的时候展示自己的内心。做演员的都知道，不忘我地投入到戏中，永远也打动不了观众的心。这一点对企业领导来说，也是一样。

◎ 领导者的一言一行都会被员工看在眼里，甚至被模仿。通过员工的行为，领导者的性格很快就会影响到组织的每一个角落。

◎ 许多管理者都会抱怨下属的坏习惯，但他们如果仔细观察一下员工的行为，就会发现这些坏习惯正是源自高层管理者。

关键时刻MOT实录

············北欧航空公司的“小红本”

1981 年，北欧航空公司的改革正在准备之中，我们向全公司 2 万名员工发放了一本红色封皮的小册子，题目为：让我们为目标奋斗吧。后来，这本小册子就有了通俗的别名——“小红本”。这本小册子是一个工具，帮助我们解释公司的整个愿景和战略，并具体地说明公司对员工的期望。

一开始，很多人都认为，对北欧航空公司受过高等教育的员工来说，这本小册子的内容太简单了。小册子的每一页都印着几个大大的字，并附有一些拟人化的卡通飞机，有的微笑，有的皱眉。还有一架飞机俯冲而下，用两只机翼遮住眼睛，一副十分害怕的样子。

不管这种方式是否真的太简单，这本小红册子的确在公司内部起到了有效沟通的作用。既然已经抛弃了传统的金字塔式组织结构，我们就不能再用命令的方式来指挥员工了。相反地，应该把公司的愿景传达下去，使员工相信他们能够，也必须承担起责任，使愿景得以实现。这本小红册子里的文字和漫画就起这个作用。

我所提到的许多故事，都讲述了公司是如何激励员工发挥能力的。这些都是真实发生的事情，我们或告知，或劝说，或激励。总的说来，就是沟通。在一个以顾客为导向、分权的公司里，优秀的领导者应该把更多的时间花在倾听上。他与员工沟通，确保他们朝着共同的目标努力。他也和顾客沟通，使他们随时了解公司的新举措。

我从第一天到北欧航空公司就开始了沟通的工作，尤其是和普通员工进行沟通。在第一年里，我几乎有一半的时间是在工作现场与员工交谈。公司里甚至流传这样一种说法：如果有三名员工聚在一起，那么卡尔森很可能就会出现在那里并与他们交谈。我正是以这种方式来履行自己的责任，同时也表示出我的热情与真诚。

在金字塔式的传统组织里，老板负责发号施令，员工则要揣测领导的真正意图。老板只需确定自己的命令准确无误即可。但在北欧航空公司，领导者必须与承担责任的千万个决策者进行沟通，只有真正理解了公司的战略，这些决策者才能把它应用到具体的情况中。因此，领导者不能再像以前一样只负责传达信息，他必须设法使员工了解并吸收这些信息。这意味着要改变方法：所有使用的字句都必须让听者完全吸收，并进而成为他们自己的想法。

这样就很可能要迫使领导者使用简洁、明了的语言，但也不能过分简单。你最好使用最简单、最明白的字眼，以免员工误解你的意思。小红册子就是典型的例子。

领导者发布的信息越简单明确，人们就越容易懂得如何去追求这一目标。肯尼迪总统曾经宣布：“我要在1970年以前把人类送上月球。”就这样，他为全体美国人民设定了一个明确的目标。他并不是具体做事的人，但正是因为这一句简短而明了的话，科学家们才能朝着同一个方向努力。

4 年前，哈肯·桑丁（Hakon Sundin）受命担任瑞典国家曲棍球队教练。他向新闻界发表的第一项声明就是："三年后，我们将成为世界冠军！"在此声明之前，瑞典曾经多次败给曲棍球强国俄罗斯。很多人都认为第一仍然是俄罗斯队，瑞典队能夺得第二名就很不错了。即使没有人相信，桑丁也仍然坚守着自己的信念。三年后，瑞典曲棍球队果然夺得了世界冠军的桂冠。

最强有力的信息总是通过简单而直接的战斗口号表达出来的。它能深入组织的各个阶层，激发员工的昂扬斗志。这种信息不需要高高在上，甚至不必标新立异。

每当我演讲完毕，总有人会告诉我："你真有办法，让我们理解得十分透彻。"我不敢确定这是否是在恭维我，但我相信，如果我真的使听众透彻地理解了讲话的内容，那么一定是把信息成功地传递给他们了。这说明，我找到了一种能够激发听众兴趣的传达方式。简单地说，我已经把信息传递给他们了。

正是这种沟通能力使我在最初接掌灵恩航空公司及北欧航空公司的时候，取得了良好的效果。我耐心地聆听员工心声，尽量使用简单字句与他们交谈，如此很轻易地就了解了他们心中真正的想法。在这些想法的帮助下，我的战略思维得以形成。而我的沟通方式也帮助我赢得了员工的支持，进而协助公司达成既定的目标。

我所说的沟通技巧，实际上还蕴涵着一定的人际交往艺术。如果你想成为一名成功的领导者，就绝不能害羞或者沉默寡言。你必须懂得如何面对广大听众，向他们“推销”你的信息。对领导者来说，沟通能力的重要性并不亚于统筹规划能力。

有人曾经评价，我在电视上的表现非常成功。我心里明白，这并不是因为我的想法有多么独特，而在于我尽量使用了简洁明了的语言。我的目的是说服听众，而不是展示自己的知识有多么渊博。

1979 年，正值瑞典举行大选，我应邀在电视上讨论有关所得税的话题。40 多年来，瑞典所得税率不断攀升，最高时竟然涨至 90% 左右。和很多人一样，我认为根据“拉弗曲线”，如果政府将最高税率减到 50%，反而能获得到“更多”的税收收入。为了改变一些顽固派的看法，我决定采用新的表达方式来打动听众。

我计算过，如果所得税率高于 50%，政府将得到 15 亿美元的税金。于是我在电视上说：“如果我有 15 亿美元，就把它锁进保险箱交给政府保管。要是政府降低税率之后，税收并没有减少，就把这笔钱还给我，而且以后在财政方面多听取一些我的意见。如果我错了，那么这些钱我如数奉送，政府将毫无损失。”

有些人说我是在耍花招。从某种角度来说的确如此，因为我确实没有多余的 15 亿美元可以交给政府。但这种表达方式真的可以打动人心。很快，我的比喻就登上了世界各地的报纸。一位来自佛罗里达小镇、署名“忠实的上校”的读者写信告诉我：“就算你真的用 15 亿美元打赌，也一定会大获全胜！”我甚至还得到了大西洋彼岸的回响。这一切不仅在于我所支持的观点，还因为我使用了独特的表达方式。

推销技巧里包括这样一条：为了沟通信息，应该在必要的时候展示自己的内心。做演员的都知道，不忘我地投入到戏中，永远也打动不了观众的心。这一点对企业领导来说，也是一样。

迄今为止，我只有一次演讲是照着稿子念的，但结果糟透了。稿子的内容并没有问题，相反，它有着完整的架构及华丽的辞藻，可我实在不适合边念稿子边演讲。

我曾经发表过上百次演讲，都是即兴进行的。因为这样发挥空间更大，既可以就刚刚发生的事情发表意见，也能够随时根据现场气氛调整演讲风格。我在本书第 2 章中提到向灵恩航空公司员工解释新方案的事情。在解释之前，我事先做了一些准备，内容涉及瑞典人的生活方式已经发生了改变以及灵恩航空公司的经营方式也必须跟着改变等等。但我很快感觉到现场的气氛热烈异常，以至于一时竟记不起讲稿来。于是，我干脆抛掉稿子，把自己完全融入现场的气氛当中。

同样的原则也可以应用在公司以外的沟通上，比如广告、公关以及“形象塑造”等等。除非你能把自己的战略清楚地传递给顾客，否则还不如不提这些政策。还记得北欧航空公司的“Y50”机票吗？它的本意是指年轻人可以购买的对折机票。但很少有人知道 Y50 就是这个意思。但是当灵恩航空公司推出“百元机票”时，几乎人人都明白是怎么回事。所以说，吸引人们的并非是“百元机票”的创意，而是我们用来表达这一信息的方式。

当我们开始整顿北欧航空公司的时候，许多所谓的批评家嘲笑我们只不过是在耍 “促销手段”。他们认为， 我们太过于以市场为导向了。但实际上，我们的市场预算一分钱也没有增加。相反，我们把更多的资金花在沟通信息上，并由此得到了巨大的回报。

我们以前做的广告，不仅风格平淡无奇而且意思含混不清。譬如这样的口号："让瑞典离世界更近！"几乎没人记得这个广告，能理解其含义的就更是寥寥无几。因此，我们一推出欧陆客舱，就把口号改为："无须排队等候！""商务旅客的新休息室！"以及"为您虚席以待的舒适座位！""经济舱的票价，头等舱的服务！"等等。这些内容并不过分，都是实实在在的信息，使旅客在选择航空公司时有所依据。

除了语言与广告形象之外，沟通还包括其他形式，比如树立榜样。领导的一举一动都具有表率作用，从生活方式、言行举止到衣着服饰无不如此。我在灵恩航空公司的时候，最不能忍受的就是过于宽敞的总裁办公室。身为公司总裁，我的办公室不仅宽敞、明亮、面向街道，更附带一间能容纳 8 人的餐厅。凡在里面用过餐的人，都会在背后被员工指指点点。

我立刻意识到，这间餐厅一定要去掉。灵恩航空公司只是一家小公司，却自以为是地修建了一间豪华的主管餐厅，在员工中造成了极坏的影响。如果我也在里面用餐，就等于默认了自己一直很反对的行为。因此，几个星期以来，我都是到外面买个热狗当午餐。

与此同时，我也在寻找合适的机会处置这间餐厅。一次，有一位中层主管向我建议应和员工多进行接触。

"太好了！"我说，"我们可以先从和员工共进午餐开始，这样就不再需要主管餐厅了。"说干就干，我们立刻动手将我的办公桌移进主管餐厅，并把原来的总裁办公室改成公司会议室。大家在需要的时候都可以使用这间屋子，这才是我们真正需要的。

从那以后，主管开始到员工食堂用餐。这个行动很好地体现了灵恩航空公司的上下一心。如果我们在豪华的主管餐厅用餐，那么意义将完全不同。对员工来说，这个信息明确而响亮，预示着公司出现了新的气象。

领导者的一言一行都会被员工看在眼里，甚至被模仿。通过员工的行为，领导者的性格很快就会影响到组织的每一个角落。

许多管理者都会抱怨下属的坏习惯，但他们如果仔细观察一下员工的行为，就会发现这些坏习惯正是源自高层管理者。不久以前，北欧航空公司的管理层开始对商务旅行产生了浓厚的兴趣，有时仅仅为了商讨几个细节问题，就派出一个庞大的团体去其他城市参观。最近，8名高层主管决定到俄罗斯去“考察”一周，实际上与北欧航空公司的业务根本不靠边。当我了解到这个计划之后，很自然地取消了他们的行程。可是舆论已经传开了：“如果别人能去，那我们也可以！”

领导者必须留意非语言的沟通形式，它往往表现为众人对某一行为的追随。因此，领导者必须以身作则，才能在顾客及员工的心目中塑造良好的形象。

我刚到灵恩航空公司的时候，巡视了各个机场。快要结束的时候，忽然感觉到员工们有些不安，但我并不知道其中的原因。这时，一名员工小心翼翼地告诉我，大家正在等我登机。

“飞机准备好了吗？”我问道，“可我没有听到广播呀！”

“是没有广播。不过在总裁登机并选好座位后，我们就可以开始广播了，其他的旅客才可以登机。”

如果你表现得比顾客还要高贵，就没有资格称自己是以市场为导向。当时，我刚从平安旅行社调过来，在那里，顾客毫无疑问是绝对优先的。于是，我等到最后一名乘客登上飞机后，才走了进去。我愉快地发现，机舱里还有一个空位。

在北欧航空公司的班机里，我们免费提供报刊杂志。但杂志数量有时不够，这时工作人员就会客气地请我先挑。“不能这样，”我告诉他们，“除非所有的乘客都得到了想看的杂志，否则我是不会看的。”

我曾经听到空乘人员如此评价这件颇有代表性的“小”事：“连总裁都在帮助我们提高服务水平，不正表明他很尊重我们的工作吗？”通过以身作则、甘居顾客之后的行为，我们向员工和顾客展示了真正的优先顺序。

树立正面榜样确实是一个有效的沟通工具，反之则后果不堪设想。大部分传统的经理人都喜欢给自己披上皇帝的外衣。殊不知，当顾客第一的时代来临时，他们就无法胜任了。

Moments of Truth

09

让董事会了解公司的整体战略

关键时刻的原则之八

MOT

◎ 管理层通常都把董事会当作一个推卸责任的地方。事实上，董事会是十分宝贵的资源，对我们实现高效率、以顾客为导向的目标有着十分重要的意义。

◎ 令人惊讶的是，一般的管理层很少与董事会分享整体商业战略，很多公司的总裁甚至十分畏惧董事会。

◎ 受到董事会“高压”威胁的总裁只好把公司愿景藏在心底，偶尔才透露一点宝贵的信息给董事会，以便让管理团队看上去很成功。同时，他们采取“向上授权”的做法，即使是最细节的问题也推给董事会做决定，然后再告诉员工，董事会做出了怎样的决策。

关键时刻MOT实录

…………最新型的机舱专用餐车

当我们做出决定，在北欧航空公司推行高水平服务时，乘务长指出，只要我们购买最新型的机舱专用餐车，他们就能提供更好的服务。

毋庸置疑，新餐车能够节省许多服务时间，对短程航班来说尤为便利。可是替换费用需要200万美元，在公司年亏损2 000万美元的情况下，又有谁会批准这一请求呢?

事实上，在我加入北欧航空公司之前，餐车问题就已经困扰公司5年之久了。管理层和董事会都避免从自己这里做出最终决定。如果他们心中没有一幅美丽的愿景图，又如何能够计算出，公司在购买新餐车后将带来多少盈利呢?

经董事会批准，我们建立了以顾客为导向的新战略。这时，购买新餐车对战略的辅助作用就显现出来了。而且，既然董事们已经批准了整体商业战略，我们就没有必要在这种细节问题上麻烦他们了。于是，我们立刻做出决定——批准采购新餐车的申请案。

我在本书中多次提及向中层经理及一线员工沟通公司愿景的重要意义，对他们来说，这是他们在分权环境中工作的工具。而其他团体，比如董事会，也应该了解公司的整体战略，由此才能做出相应的贡献。管理层通常都把董事会当作一个推卸责任的地方。事实上，董事会是十分宝贵的资源，对我们实现高效率、以顾客为导向的目标有着十分重要的意义。我们在北欧航空公司也是如此为其定位的。

令人惊讶的是，一般的管理层很少与董事会分享整体商业战略。很多公司总裁甚至十分畏惧董事会。我认识一位董事长，为了让总裁难堪，每次召开董事会的时候总是以这句话作为开场白："我们该不该开除总裁？"

受到董事会"高压"威胁的总裁只好把公司愿景藏在心底，偶尔才透露一点宝贵的信息给董事会，好让管理团队看上去很成功。同时，他们采取"向上授权"的做法，即使是最细节的问题也推给董事会做决定，然后再告诉员工，董事会做出了怎样的决策。这种决策就像法律一样无法更改，因为再也没有比董事会更高的决策单位了。于是，整个组织必须遵守这条法律，一线员工更是必须切实执行。

这种做法不仅浪费时间、打击员工的工作积极性，而且还会导致董事会滥用决策权。如果董事会不了解整体商业战略，将很难正确评估管理层所做的各种提案。

如果你能邀请董事会参与决策公司的未来愿景，那才是智慧地运用了董事会的功能。如此，董事会将把精力集中在战略性事务上，而不是在公司的细节问题上指手画脚。

然而，积习难改。董事会一旦不参与决策所有问题，便会产生被忽略的感觉。这种情况并不好处理。如果管理层决定向一线员工授权，而董事会却坚持参与所有“鸡毛蒜皮”的小事，那整个组织将由此遭受重创。董事会、管理层，甚至整个组织的平衡也将无法保证。

尽管如此，公司管理层还是要尽量说服董事会，不要过于干涉细节问题与文件表述。可以让他们参与公司重要战略的规划，凭借丰富的经验发挥出更大潜力。

如果我在 1978 年接掌灵恩航空公司时，只提出众人意料之中的降价方案，董事会一定会要求我做更详细的说明以支持这一方案。相反，我把降价定义为一个更广泛的观念，包括增加班次、投资广告、提高服务等等。董事会凭着直觉便批准了我的提案。他们坚定地对我说：“放手干吧！”

我在北欧航空公司时，董事会对我们整体愿景的支持是十分重要的。如果没有董事会的授权，我们根本不可能在市场萎缩、公司连续两年巨额亏损的情况下推行增资计划。当时的董事长是丹麦籍瑞典人霍尔多·托普索（Haldor Topsoe），在他领导下的董事会对我们给予了极大的理解，并相信我们能够在市场停滞的状况下实现盈利目标。托普索不仅没有要我们提供调查及推算结果，甚至还极力帮我们解释计划。当我向董事会进行汇报的那一刻来临时，内心激动万分。也许在这里用“那一刻”形容有些不恰当，事实上，我在向董事会说明整个计划时，足足花了好几个小时！

董事会在了解了我们的愿景后，毫不犹豫地接受了整个计划。按照他们的指示，接下来就要看我如何达成目标了。董事会给我们的意见十分明确：“把下滑变成盈利，但不要指望靠市场增长来实现这个目标。”

事实上，在经济萧条以前，市场一直保持了缓慢的增长，各家航空公司也因此习惯了依赖稳定的市场维持盈利水平。然而，现在的市场处于停滞状态，几乎每家公司都出现亏损。我们的任务是使北欧航空公司扭亏为盈，这也是全公司上下的目标。完成这一任务几乎完全要靠我们自己的努力。董事会为我们的改革做好了铺路工作，也把重点放在了新战略上，而剩下的细节则完全交给了我们——尽管这些细节将导致总计 5 000 万美元的花费。

我经常会和董事会的三位董事进行私人会面，但并不讨论执行细节，而是使他们确信北欧航空公司发展平稳。这几位董事都是北欧地区的杰出企业家，一位是挪威银行家，一位是瑞典工业家，还有一位是丹麦工程师兼企业家。他们的专业知识汇集在一起，就是公司难得的重要资源。我在向董事会全体成员汇报之前，通常都会先探探他们的口风。

的确如此，我坚信无论对任何组织或个人，使其承担责任的唯一方法就是将未来愿景深深植入他们的内心。我经常与董事会及员工分享我对公司发展的看法。要实现这个愿景，就必须使它成为所有人心中的目标！

Moments of Truth

10

保持绩效评估与顾客需要的一致性

关键时刻的原则之九

MOT

关键时刻MOT语录

◎ 我们所犯的错误在服务业中十分典型：向顾客承诺一件事，而衡量绩效时却在评估另一件事。我们答应顾客及时准确地交货，可是在评估时却只考虑货运量以及是否有包裹在途中丢失等等。

◎ 工作效率与准确度的提高并不完全依赖于这些可视的衡量标准。主要原因还在于，员工明白了对顾客来说什么才是最重要的。

◎ 公司以前也曾对送货迅速的员工给予过奖励。但如今的不同在于，员工们不仅知道准时的重要性，还明白了为什么要准时（因为这是顾客的要求），更重要的是，他们了解了怎样做才算实现了真正意义上的准时。

关键时刻MOT实录

············最“精确”的货运航空公司

在我接掌北欧航空公司时，对几个领域进行了绩效评估，其中之一就是货运。为了实现利润最大化的目的，客运的损失需要尽量由货运部门来弥补。因此，北欧航空公司货运部门的业绩总是根据货运量或者机舱填满程度来评估的。

然而，我们很快意识到，一直以来所使用的绩效评估方式竟然并不科学，因为它和货运顾客的需求根本没有关系。顾客真正需要的是迅速、准确地将货物送到目的地。因此，我们重新修订战略并建立了新的目标：成为最“精确”的货运航空公司。

我们认为公司在“精确”方面做得还不错，根据货运部门的报告，只有少部分货物没有准时送达目的地。不过，公司还是打算测试一下。我们将100件包裹运送出去，地点遍及欧洲各个地区。结果令人震惊！这些小型包裹应于次日送达，但实际日期却平均晚了4天。这就是我们的“精确”吗？

我们所犯的错误在服务业中十分典型：向顾客承诺一件事，而衡量绩效时却在评估另一件事。在上述例子中，我们答应顾客及时准确地交货，可是在评估时却只考虑货运量以及是否有包裹在途中丢失等等。事实上，即使晚于规定日期4天交货，也有可能不被记录为“延误”。显然，我们必须根据公司的承诺来衡量结果。

自重组北欧航空公司以来,类似事件就变得更加重要了。与传统的集权、官僚式组织相比，分权后的我们更需要一套行之有效的绩效评估办法。

根据传统的工作方法，绩效标准是由最高管理层制定的。然后通过中层经理，以书面备忘录的形式，在组织上下进行贯彻。贯彻的主体自然是员工。因此，如果标准模棱两可，结果就会很不平衡。比如，一个野心十足的工程师往往会为了追求高品质而大幅提高成本，而比较保守的工程师则会更多地考虑预算因素，将成本控制得很紧。

在分权式组织里，处于各个阶层的员工都必须彻底了解未来的目标是什么，以及如何才能达到这个目标。在中层经理的支持下，一线员工承担起决策的责任。与此同时，他们还需要一套精确的反馈系统，以此判断自己的决策是否有助于达成公司整体目标。在以顾客为导向的公司里，绩效评估办法应主要集中在评估员工是否更好地满足了顾客的需要上。

有些员工不是与顾客进行面对面的接触，但他们的工作却深深影响到服务的质量。对这些人来说，绩效评估就更有必要了。票务人员每天都要和许多顾客接触，他们工作的好与坏立刻就会从顾客那里得到反馈，而且每天的反馈至少有几百次。而行李搬运人员就没有这么幸运了。事实上，装卸行李恐怕是北欧航空公司最费力不讨好的工作。他们必须先爬进狭窄的行李舱里，把行李拉出来，放到装运车上，然后再开车到达指定地点将行李卸到传送带上。行李搬运人员很少与顾客直接接触，自然也无法从顾客身上得到正面或负面的反馈。

既然缺乏直接的反馈，我们就必须赋予这些人明确的目标，并采取其他方法衡量其工作业绩。比如，在斯德哥尔摩阿兰达机场，我们就拥有一组出类拔萃的行李搬运人员。他们完全了解，北欧航空公司的目标就是最大限度地满足商务旅客的需要，而行李搬运对公司的高效运营有着重要的意义。

于是，我们为行李搬运人员制定了目标，规定在旅客提取行李之前，必须已经把行李卸到传送带上了。为了确保目标的实现，行李搬运人员需要随时了解自己是否完成了任务。为此，我们安装了监控器，随时提供信息。这么做的同时也等于暗示了他们的上级，应该及时对员工给予奖励或提出批评性建议。

当然，这套系统所衡量的指标必须正确。在北欧航空公司，我们曾经惊异地发现，货运部门竟然只以货运量及出货记录单作为衡量指标。如果两者对不上，就记为一个差错。只要货运量高，出货记录单也有记录，就认为工作完成得很好，而不管货物实际上多晚才送到。因此，在以营业额为唯一衡量标准的前提下，尽管监视系统显示货运量一再创下新高，但服务水平却大不如前。

因此，我们要求货运部门的员工重新设定一套绩效评估方法。很快，他们就提出了一套名为“货运质量系统”的新指标，主要用来衡量服务的准确性，包括接听电话的速度、货物是否装入预定的班次以及班机到达机场后需要多长时间才能送达顾客手中等等。

衡量结果每月公布一次，以货运质量图表的形式写入报告。一方面与不同的货运站进行比较，另一方面也和本部门的总体目标进行比较。这种方法直观地显示出，哪个货运站做得最出色，而哪个最糟糕。达到目标的货运站将获得一颗荣誉星，以及来自运营主管马茨·米塞耳（Mats Mitsell）

的嘉奖；反之则要准备好回答上级的问题。

一开始，我们收到很多批评货运质量的意见。传统的北欧人不喜欢公开批评别人的过失。有些人指出，员工对这种批评机制一定会有所抵触。但结果正好相反。系统启动当月，就有 80% 的货物按要求抵达了目的地。今天，这个百分比更是提高到了 92%。

难道这是因为员工比以前更努力了吗？我想不是的。货运部门的员工一直都是任劳任怨地为公司做着奉献。原因在于，我们采用了更为精确的衡量系统，很多以往被忽略的问题因此得以发现，员工们随后便根据这些问题改变了运送路线，或者调整了资源配置，提高了效率。

举例来说，根据货运质量报告显示，每次送往纽约的货物总会耗费较长时间。发现问题以后，纽约的货运人员想出了一个巧妙的解决办法：他们将货运站碍事的隔断墙打掉，在原地增加了一个卸货台。这样，瓶颈被清除了，出货速度立刻加快了。

为什么以前就没有人想过要这样做呢？因为他们一直未发现问题。直到有了货运质量报告，人们才发现，送往纽约的货物所花费的时间最长。报告使大家第一次将纽约的送货时间与哥本哈根、斯德哥尔摩及世界其他各大城市的进行比较。凭借着正确的衡量指标，我们发现了问题的所在，进而找出解决办法，服务水平也因此得到了提高。

然而，工作效率与准确度的提高并不完全依赖于这些可视的衡量标准。主要原因还在于，货运人员明白了对顾客来说什么才是最重要的。我们将新战略、新衡量方法与财务信息结合在一起，让每个人都清楚地看到，在采取了某些决策之后，公司财政产生了怎样的结果。长此以往，员工们便学会了如何将工作重点放在可以盈利的项目上。

其实，公司以前也曾对送货迅速的员工给予过奖励。但如今的不同在于，员工们不仅知道准时的重要性，还明白了为什么要准时（因为这是顾客的要求），更重要的是，他们了解了怎样做才算实现了真正意义上的准时。很显然，正确的工作优先顺序应该是：迅速接听电话、预定出货、领取货物、寄出货物、货物抵达机场时接货、核对货物记录单、准备顾客提货，最后通知顾客前来提货。

有了这种新的认识，货运人员处理日常业务比以往有了很大改善。他们不再坐等上司发号施令，主管也不会把时间花在安排茶歇及轮休上了。因为每个人都明白，工作完成了自然就是放松时间。只要按部就班地安排工作，便不会发生手忙脚乱的情况。最重要的是，员工们重新鼓起了干劲儿。他们相信，在新衡量标准的指引下，一定能够更加出色地完成任务。

Moments of Truth

11 奖励让顾客满意的“自作主张”

关键时刻的原则之十

MOT

关键时刻MOT语录

MOT

◎ 你面临着一大堆问题，却没有任何人搭理，这种时候最令人沮丧。你不禁问自己：“如果我把事情搞砸，恐怕也不过如此吧！反正也没有人注意，我何苦折磨自己呢？”

◎ 每个人都希望自己的贡献得到赏识。员工的工作一旦得到上级的肯定，其自尊心也必然由此加强。尤其在以服务为主的行业里，员工的自尊心与士气将直接影响到顾客满意度。这时，一句赞美的话将发挥长久的功效。

◎ 我认为，组织只有使员工真正对工作感到满足，并产生高度的自我认同感，才是对员工及组织本身最“诚实”的做法。

◎ 我希望员工在被赋予更重要的责任时，会认为自己就是得到了晋升，即使他并没有被授予光彩耀眼的头衔以及其他和“高级”有关的花里胡哨的东西。

◎ 对工作的自豪感才是最高的回报。

◎ 我相信，只有了解员工真正渴望从工作中得到什么，员工对自己设定的目标是什么，以及如何发展自我以实现这个目标，领导者才有可能提高他们的自我价值感。这种健康的自我价值感一旦产生，必然带来高度的自信与强大的创造力，帮助员工迎接未来不断涌现的挑战。

关键时刻MOT实录

············手表和晚会

1982年12月的一天，北欧航空公司的2万名员工都收到了一份包裹。打开一看，里面是一块漂亮的金表，秒针是一架精致的小飞机。同时还附有一份印有员工免费旅游（这是全世界航空公司员工都会享有的一项福利）改善办法的备忘录，一本名为“世纪之战”的小红册子，以及一张晚会邀请卡。另外，包裹里还有一封我写的感谢信，印在一张精致的羊皮纸上。我在信中感谢员工为公司所做的努力，正是因为他们才使得公司从巨额亏损转向有史以来最高的盈利水平。

这份包裹或许并没有什么特别之处，但收到的人却感触颇深。不少员工写信向我表示感谢，其中有人写道：“当我从邮局领到这份包裹时，激动得差点哭了出来。这是我在北欧航空公司这么多年来，头一次收到公司寄给我个人的感谢信。最重要的是，我认为我‘值得’拥有这份礼物。”

人人都知道，那封感谢信是印刷出来的，因此每封信的内容都一样。尽管如此，他们明白这些话都是针对员工个人写的，这封信证明了公司管理层对他们做出的贡献十分感激。

在公司面临严重危机的时刻，我们提出要2万名员工加倍努力。也正因为如此，他们值得在今天拥有这份礼物。每个人都希望在繁重的工作间隙停下来歇口气，并听一听别人的称赞。通过这样的激励方式，员工才得以继续保持高昂的斗志。

我们的“奖励”计划包括两部分内容：手表象征着对员工个

人的赞赏，晚会则表示对全体努力的认可。手表作为第一部分内容，的确十分恰当。它不仅代表了我们的感激之情，也和公司所取得的目标紧紧联系在一起，那就是：成为全球最准时的航空公司。

第二部分内容则是邀请员工参加晚会。举办晚会的意义在于向员工强调，北欧航空公司是一个团体，而且是一个规模十分庞大的团体。实际上，为了这一点，我们在世界各地都举办过各种晚会。单单在斯德哥尔摩就有4 000名员工参加，包括机械师、驾驶员、装卸工、乘务长、空乘人员、秘书、销售人员和电脑技术员等。全体参会者都认识到，只有紧密团结才能达到目标。

北欧航空公司的晚会从灵恩航空公司那里沿袭了许多内容。最根本的共同点在于，正是因为员工们的热情与努力，公司才在这么短的时间内重获新生。

在灵恩航空公司举办的晚会相对简单一些。公司全体员工1 200人，一半上白班，另一半则上夜班。因此，唯一能举行晚会的时间，是在大家都下班的时候，即凌晨1:00～6:00。由于时间的限制，我们决定用飞机把员工送到斯德哥尔摩机场集合，然后在一座机库里举行晚会，第二天一早再用飞机把他们送回去。机库似乎不像是欢庆的场所，但所有参会者都会告诉你，那是一次美妙绝伦的晚会。事实上，正是那次晚会使灵恩航空公司的全体员工有了第一次相聚的机会。

尽管手表和晚会每年只有一次，而员工们每天都在辛苦地工作着，相比起来，平日里得到的关注实在太少了。然而不幸的是，在很多公司里，几乎没有什么事情会引起人们的注意。无论你工作得好与坏，甚至根本什么都不做，也不会有人愿意费力说一句话。你面临着一大堆问题，却没有任何人搭理，这种时候最令人沮丧。你不禁问自己："如果我把事情搞砸，恐怕也不过如此吧！反正也没有人注意，我何苦折磨自己呢？"

每个人都希望自己的贡献得到赏识。员工的工作一旦得到上级的肯定，其自尊心也必然由此加强。尤其在以服务为主的行业里，员工的自尊心与士气将直接影响到顾客的满意度。这时，一句赞美的话将发挥长久的功效。

当然，赞美可以产生力量，但前提是要合理。不当的赞美，反而会使员工产生受辱的感觉，因为他们认为这说明了领导根本就不关心自己的工作。有一次，我们小心地对一些有效避免了罢工的员工发出感谢信，但因为处理不当，使得许多没有参与化解冲突的员工也收到了信。我们的好意反而引起了他们的疑惑与抱怨。

公司可以通过多种办法提高员工的自尊心，包括改善他们的制服。

在我们决定以商务旅客为主要服务对象之后，便开始了对原有制服颜色及样式的重新评估。如果我们把重点放在外出旅游的乘客身上，很可能会设计一套颜色明快、运动感强的制服。但作为商务客机，就应该选择不同的款式。于是我们请著名设计师卡尔文·克莱恩（Calvin Klein）设计了一套带有商业气息的制服，样式保守，以深蓝色为主。

当然，如果员工个人的表现无法配合公司形象，那么制服的功效也会大打折扣。考虑到大家每天都要穿着制服工作，他们理应拥有一套使自己感到骄傲的制服。因此，我们投资了 400 万美元，为 2 万名员工订购了新制服。正像为机舱配置的新餐车和为员工设计的服务培训课程一样，这套制服后来也成为了新北欧航空公司的标志。我们正是通过这种方式向一线员工传达了一个信息："你们对公司来说十分重要，因此我们愿意在你们身上投资。"这个信息不仅影响到管理层，也影响了员工每天的工作态度和表现。

为了展示北欧航空公司的新面貌，我们在斯德哥尔摩、奥斯陆和哥本哈根三处机场的机库里，同时举办展示会。展示会上，乐队现场演奏“空中的爱”主题曲。参会人员除了公司员工以外还有各界来宾，包括新闻界人士、政府官员，甚至国家交通部部长。展示会上的所有模特都由公司员工扮演。为了烘托气氛，我还穿上了一件酷似餐厅领班的白色短礼服。会场供应各式餐点饮料，大家兴奋地一边品尝美食，一边穿梭于展览项目之间，有人甚至抑制不住流下了激动的泪水。我们自豪地与员工、新闻界人士以及社会公众共同交流公司的最新动向，我们向所有人宣布，北欧航空公司正在经历着令人兴奋的改革，我们将以崭新的形象出现在大家面前！

对于刚从金字塔式组织变成扁平化组织的公司来说，强化员工的自我价值尤为重要。以往的官僚组织将办公室、头衔、薪水等看作是权力的象征。在这类组织中，“晋升”通常意味着把有才干的人从重要的工作岗位调往没有实质意义的职位上，并同时给予更高的薪资。这样一来，很多真正有才干的人最后只能沦为传递上级决策的工具。

我认为，组织只有使员工真正对工作感到满足，并产生高度的自我认同感，才是对员工及组织本身最“诚实”的做法。对工作出色的员工委以重任，并对他表示充分信任，这才是最好的奖励。换句话说，作为管理者，最大的挑战莫过于帮助有才干的员工不断发展。以授予无实权的高级职位的方法来表示赏识，必将导致最终的失败。

在北欧航空公司，当我们向一线员工授权时，同样也会引导他们改变对晋升的看法。在扁平化组织里，向“上”升职并不是进步的必要条件。我希望员工在被赋予更重要的责任时，会认为自己就是得到了晋升，即使他并没有被授予光彩耀眼的头衔以及其他与“高级”有关的花里胡哨的东西。

我相信，北欧航空公司的一线员工对自己工作的描述，将使其他公司的主管或经理感到汗颜。“我曾经拥有高于别人两倍的权力，但实际上却不能对任何事情产生影响。”这些经理人多半会这样说，“是的，我的办公室很大，但我几乎没有和员工或者顾客见过面。现在我要去我该去的地方，在那里才可以真正发挥我的能力。”

简单地说，对工作的自豪感才是最高的回报。我仍然记得当我从斯德哥尔摩经济学院毕业后，选择平安旅行社作为第一份工作时，我所尊敬的人表现出了怎样的失望。一位我最敬重的教授甚至断言说，在旅行社这样一个前途不定的公司工作，绝对是浪费青春。而父亲则旁敲侧击地告诉我，表弟已经在一家汽车销售公司找到了会计的工作，他将拥有一个受人尊敬的光明未来。

他们对我的工作不断表示出不满。教授一有机会就向我推荐新的工作机会。父亲也一再表示，我这样无异于虚度光阴，而且毫无前途可言。在这样的压力下，我只好到一家新成立的专利商标机构应聘部门主管职位。这是一家典型的官僚机构，一点儿也不符合我的口味。

幸运的是，我没有得到那份工作。回到平安旅行社的办公室里，我觉得越来越不清楚自己真正想要的是什么。直到有一天，一位顾客打来电话，询问这里的一位导游下一季将负责哪里的旅游。我告诉他，这位导游将负责瑞士与德国边界的博登湖巴士游。

“噢，太糟了，”这位顾客说，“我们都去过好几次博登湖了，所以想换个地方。10 年前，我和妻子到埃及旅游，就是这位导游带的队。卡尔森先生，是他让那 14 天假期成为了我们曾经最快乐的一段时光！从那以后，我们总是尽可能地跟他出团旅游。”

刹那间，我被深深地震撼了：如果我的工作也能带给顾客一生中最愉快的时光，那么，世界上任何一位教授也没有权力说，我所从事的行业没有价值，父亲也就没必要为我担心了。

如果那位顾客没有告诉我他的故事，我也许已经黯然辞去了平安旅行社的工作。相反，他唤起了我的雄心，让我感觉到自己的工作是多么有意义。这件事也使我重新审视了成功的标准。

几年后，我得到了迄今为止20年工作生涯中最丰厚的回报。

平安旅行社一向很重视儿童的服务。我们的广告这样写道：“放心地带孩子旅游吧！把他们交给我们照顾！”为了更好地了解儿童的特点，我们特意咨询了公司导游、幼儿园老师和儿童心理专家。大家一致认为，儿童也有独特的需要，他们对假期的安排更有自己的想法。

在了解到孩子们喜欢猜谜的特点后，我们组织了一个俱乐部，专门提供密码和会员卡片游戏。如果哪个孩子还不会签名，我们就让他在会员卡上印一个指印。每个孩子都穿戴着印有“迷你俱乐部”的T恤和小帽子。俱乐部还有一首会歌，名字就是“迷你俱乐部来了”！

根据这个非凡的创意，我们决定把主题放在“孩子”身上，而不是他们的父母身上。广告词是这样说的：“我们再也不担心带爸爸妈妈一起度假了！”

有一次，我在西班牙东海岸的马洛卡岛休假。天刚放亮就被窗外的歌声吵醒了。我不禁纳闷，谁会这么早就唱歌呢？不一会儿，歌声渐渐大了起来，我拨开威尼斯式的百叶窗向外张望，映入眼帘的是30个皮肤晒得黑黝黝的瑞典儿童。他们穿戴着“迷你俱乐部”的T恤与小帽子，欢快地唱着“迷你俱乐部来了”之歌，从大街那头一路走来。你能想象我当时的感受吗？那种油然而生的巨大成就感是任何支票、红包，或者豪华办公室和经理头衔都无法比拟的！

我们都需要获得回报。而且当我们为自己所做的工作感到骄傲时，也会越干越好。无可否认，能力强的人自然会得到更高的报酬，但接受重任、得到信任以及发自内心地关心他人才是更令人满意的奖赏。我相信，只有了解员工真正渴望从工作中得到什么，员工对自己设定的目标是什么，以及如何发展自我以实现这个目标，领导者才有可能提高他们的自我价值感。这种健康的自我价值感一旦产生，必然带来高度的自信与强大的创造力，帮助员工迎接未来不断涌现的挑战。

不做成功的俘虏

关键时刻的忠告

关键时刻MOT语录

◎ 我尝到了企业经营中的另一个教训：一旦达到目标，你就成了成功的俘虏。赢取和平比赢取战争要困难得多！

◎ 我们并非要创造新目标，而是要从一直以来就存在的关注点中提炼出一个切实的目标。

◎ 如果今天能为明天的激烈竞争做好准备，就等于掌握了主动权。绝不能指望运气帮忙。无论环境如何，都要把命运掌控在自己手中。

◎ 如果员工没有感到公司目标或战略是属于他们个人的，自然就不清楚怎样做才算正确。向员工授权却没有满足他们独立决策的条件，这种领导只可能误入歧途。

◎ 位于组织结构第一层的高层主管负责指引公司的未来方向，预测日常潜在的危机，并探察新机遇。当然，设定目标并拟定战略也是一种决策，但并不需要涉及所有的细节活动。

◎ 中层经理位于第二层，通过资金投资与人员招聘完成资源的计划与分配。这一层级同样不涉及具体操作中的决策，而只是为一线员工提供必要的支援。

◎ 第三层就是一线员工，或者基层员工。与公司运转紧密相关的所有特定决策都将在这一层完成。

◎ 只有顾客掏钱购买了产品或服务，我们才有利润可言。

关键时刻MOT实录

············成功的俘虏

1984 年的时候，很多人都认为北欧航空公司已经达到了目标，可以大大地松一口气了。乘客对我们的服务反响良好，公司财务状况也远远超出了预期设想。《民航世界》杂志授予我们“年度最佳航空公司”的荣誉称号。可以说，我们之前所设定的各项目标几乎都实现了。

但对我来说，1984 年却是令人痛苦的一年。我尝到了企业经营中的另一个教训：一旦达到目标，你就成了成功的俘虏。正如丹麦分公司的经理罗德·索基德（Roald Sokilde）所说，赢取和平比赢取战争要困难得多！

我刚到北欧航空公司的时候，全体员工团结协作，内心都向往着同一个目标：“我们必须扭亏为盈！但不是通过买卖飞机获利，而是通过提高服务水平来赚钱！”这个整体目标清楚易懂，大量的事实也显示，目标已经渗透到公司的每一个角落，深深地打动了每一位员工。1981—1984 年间，我们动员了所有可能的力量结成联盟，全体员工也干劲十足地努力工作着。

现在，我们已经达到了目标。然而，却又为下一步该做什么而感到迷惘。

没有新目标的指引，北欧航空公司里开始出现了负面现象：互相协作的工作环境遭到侵蚀，不断有人质疑工作的目的，员工开始把精力转向私人事务。鉴于北欧航空公司又实现了盈利，各种利益团体也针对利润的分配提出了不同意见。其中一个团体极力要求购买新机型；另一个团体则提出应当提高员工的待遇了。

不同利益团体之间开始产生矛盾，令高层管理者措手不及。很显然，我们正在失去控制力，而这才是把员工聚集在一起的重要工具。我们无法为新组织指出新的发展目标及方向。更严重的是，我们清醒地意识到，北欧航空公司并没有完全走出危机。眼前的困难虽然克服了，但若想长久生存下来，必须在现有利润的基础上获得更高收益。我们需要一个新的、切实可行的目标，让每一位员工都能够认同。

回顾走过来的路，我意识到其实早在 1980 年就应该设定一个长期目标，并将“扭亏为盈”作为与之相弥补的短期目标。这样的话，我们在 1984 年的时候就可以对员工宣布：“1980 年时我们还承受着巨额亏损，而今天我们已经实现了‘扭亏为盈’的目标。感谢大家做出的努力，是你们让公司实现了今日的辉煌。现在，让我们再接再厉，完成下一个宏伟目标吧。那就是……”

遗憾的是，我们的计划戛然而止。

举例来说，驾驶员对公司拒绝购买新机型的决定十分不满：“我们一致认为你们在 1981 年时提出的政策十分正确，公司也因此充满了活力。可是现在看来，以前的政策已经是陈词滥调了。其他公司都在纷纷采购新机型，而我们却仍然驾驶着破旧的飞机。”

我们一直强调公司应该朝着崭新的方向经营，抛弃以产品为导向的传统模式。这也正是我们保留这些旧飞机的根本原因。很显然，公司与驾驶员之间的沟通完全失败了，他们并不了解这一点。

我认为自己应该对员工的误解负绝大部分责任。我在 1981 年时说过的一些话激怒了某些员工。“如果只是出于让驾驶员坐得更舒适的目的，或者仅仅是为了让机械师多学一些修理花样，我们绝不会购买新飞机，”我说，“只有当某种机型对商务旅客来说更有利，并使公司更具竞争力，我们才会考虑购买。”

我这样说是为了让员工了解,公司将以市场为导向,因此重点是竞争力，而不是高科技。可是驾驶员和技术人员误解了我的意思，事后想一想也难怪他们会不满意。

“他难道认为我们购买新飞机只是为了‘玩’吗？”驾驶员们忿忿不平地议论着。“难道只有旅客的意见才值得重视吗？”机械师也在问，“他说我们在学习修理花样是什么意思？他难道不认为我们是专家吗？”

当然，这些不满情绪一直都埋在他们心中，只不过在全体员工共同奋斗的情况下，暂时被“搁置”到了一边。现在，目标已经达成，人们需要寻找新的途径来释放精力。以往遗留下来的问题已经使员工与管理层之间形成了一道鸿沟。

比如，在“安全”方面的争论就很激烈。这是一个非常情绪化的问题。自从我们在 1981 年决定由以产品为导向转到以市场为导向以来，注意力就被过度放在了服务层面上，而忽略了技术与操作层面。对此，我总是感到十分内疚。

根本原因在于，我犯下了一个不可原谅的错误。我主观地认为每个人都应该知道安全与技术的重要性是不容置疑的。所谓的服务，是指全部服务，包括顾客花钱应该得到的所有东西。当然，安全是居于首位的。

但是许多员工误会了我的意思。他们认为，服务只发生在登机柜台或者机舱里，和其他环节没有关系。事实上，我从未告诉过驾驶员或机械师，只要能确保准时起飞，连安全都可以忽略。

矛盾在公司内部产生，但导火索却来自于外部。一名公司职员给瑞典报社打匿名电话说，北欧航空公司存在着严重的飞机安全隐患。

为了摆脱被动局面，管理层成立了安全委员会。我们聘请外国专家，彻底调查公司运营情况，并将结果与世界各大航空公司进行比较。我们甚至还约见了瑞典最活跃的报社，向他们证明我们一直保持着很高的安全记录。事实上，北欧航空公司的安全工作从没出现过问题，我们与澳洲航空公司共同保持着全球最安全航空公司的记录。误会终于消除了，公司也在商业运营与技术作业两方面取得了均衡发展。

没有多久，员工提出了加薪的要求。他们指出，公司的待遇比北欧其他航空公司都低，应该全面改革工资体系了。

于是，管理层又展开了积极的应对。

迄今为止，每当我们与员工进行谈判时，他们的要求不外乎是：更多的免费旅行、空服人员的合理用餐时间、休假规定的改善等等。而管理层的答复总是再简单不过了“当然，我们会做的”或者“我们会好好调查一下”。但员工的需要并没有真正得到满足。最后，他们不得不拿着请求表来找我们。

在一次谈判结束后，一位好友及同事对我说："詹，不能再这样拖下去了！我们必须采取行动。"

当然，我也意识到了问题的严重性。我们当初拼命维持的高昂士气，如今却低落到了如此地步。目前的状况无异于最后通牒，再不改善后果将不堪设想。

以前，我们在设定目标时对员工提出了很多要求，并使用各种方法将他们的活力与动力激发出来。但在旧目标已经实现，新目标尚未提出的状态下，负面现象很快便产生了。员工的动力仍然存在，只不过都转向了个人目标。由于个体方向不同，他们对公司提出了各种各样的要求。管理层如何将混乱的方向导入正轨，并总结出一个共同目标，便成了当前急需解决的问题。

当我们再次与员工谈判时，依然听到不少要求。这一次，我向他们建议："让我们把所有问题都列出来吧。"

他们列举的还是以往提出的老问题。我说："很好，这说明你们对没有列出来的内容还是比较满意的。看来，只有 5% 的部分是存在问题的。现在，我们来解决这部分问题。负责解决相关问题的主管，一定会在预定日期内完成，并随时向你们——而不是我报告进度。"

紧接着，我提出了新的内容："现在，你们已经列出了需要解决的问题，而我也要对你们提出一些要求。"我宣布了公司今后的宏观目标，以及对一线员工的具体指示——以更低的成本提供更多的服务，削减所有不必要的开支。另外，我还重申了北欧航空公司将成为全球最佳商务航空公司的承诺。当然，这些都不是新要求，其基础仍然是顾客。但我的目的是，通过提醒员工使他们重新认识到自己的首要责任：为顾客提供最好的服务。

我不知道员工听后会有什么样的反应，但终于还是听到了热烈的掌声。会后，约有 10 个人对我表达了同样的心声："你的话使我们警醒！我们依然充满斗志，希望承担责任、完成任务。只要公司照顾员工的需要，我们就一定会做得更出色！"

我们终于扭转了被动的局面，员工士气也大大提升。其实，状况的转变在很大程度上来自于员工心理上的变化。人人都渴望挑战，当我们承诺满足员工的要求，并赋予他们更新的挑战时，彼此之间的尊重便重新建立起来了。

但是工作并没有了结。我们仍然需要建立新的整体目标，把公司的全部力量都集合在一起，朝着共同的方向努力。

我一直在绞尽脑汁，希望找出一个使所有人都能参与进来的目标。在公司里，我每遇见一个人，就会问他："有没有哪件事是全体员工都感兴趣的？你们在工作时都想些什么？你们最担心的是什么？对大家来说最普遍的威胁是什么？"

经过调查，我发现有一件事是大家都很关心的：多年来，北欧航空公司及其他欧洲航空公司都处于高度的管制之下，因此避免了激烈的价格大战。而美国各家航空公司却因航空管制的解除而未能免此厄运。如果欧洲也解除了航空管制，情况又会怎样呢？当竞争对手突然之间可以毫无顾忌地和我们抢夺顾客时，现有的平稳经营环境会发生怎样的变化呢？

这个潜在的危机似乎已经影响到了北欧航空公司的每一位员工。我们能否抓住机会变危机为转机，同时调动所有资源共同追求一个大目标呢？

我不禁回想起美国银行业刚刚解禁时的情景。在那之前，只有一家银行对此有所预见。整整5年，这家银行的高管每个月都要在例会中向不同的员工提出同样的问题："如果政府取消了银行管制，我们该怎么做？你的工作将受到怎样的影响？会有什么样的新情况产生？"等到正式取消管制的一天来临时，这家银行早已做好了准备。它看到并及时抓住了机会。正因为这样，这家银行迅速超越了其他短视的银行，一跃成为业界领袖。

根据我个人的观察，美国民航界也是如此。在所有美国航空公司当中，只有两家为取消管制做好了准备，那就是泛美航空公司和联合航空公司。对其他未做准备的航空公司来说，解禁之后的竞争无异于一场浩劫。而对前两家公司来说，解禁却好似带来了崭新的机会。今天，这两家航空公司不仅在美国国内位居同行业榜首，其盈利能力更是全球领先。

或许，为解除民航管制做好准备可以成为新战略的核心部分。如果真的可行，是否可以利用公司现有的资源？能否设定一个建设性的目标来迎接未来不确定的竞争环境？这个目标是否能使我们不仅在自由竞争的环境中生存下去，而且还能借此跻身于世界优秀航空公司之列？

看来，这才是问题的关键。我们并非要创造新目标，而是要从一直以来就存在的关注点中提炼出一个切实的目标。

既然已经确定了方向，我们随即展开了战略的制定。首先，我们研究了美国民航取消管制后产生的影响。航空公司在新的商业环境下，不可避免地损失了许多营业额。竞争对手不断降价，新入行的公司也陆续涌现。

失去了以往理所当然的保障，航空公司必须拼命努力才能维持原有地位及营业水平。

如今美国的航空公司比管制解除前效率更高，仅运营成本一项就锐减了 1/4。可以说，这样的成果并不是偶然的。同样，美国航空公司比欧洲航空公司更有效率也绝非偶然。为了在取消市场份额与固定营业额的商业环境下生存，降低成本绝对是必需的。

如果我们将重心仅仅放在提高运营效率上，很可能就会重演 1984 年时的情景。或许这种政策可以发挥一年的功效，但很快有关安全或技术标准等方面的忧虑就会出现。过度重视运营效率还有可能降低服务品质，这对公司来说是致命的。过去，我们通过为商务旅客提供高水平服务而实现了组织的盈利，如今，绝不能以提高效率为名，破坏既有成果，也不能因此而牺牲对安全的要求。效率只能是某个宏观战略的组成部分。然而，这个战略是什么呢？

要解决这个问题，我们需要回顾北欧航空公司的历史，看看它在各个时期是如何应对挑战的。20 世纪 50 年代，民航业刚刚起步。当时，北欧航空公司在运营发展方面处于领先地位，诸如重要的领航优势、恶劣气候条件下的飞行技术、不断提高的起降安全措施、最先开辟的极地飞行路线等等。这些几乎都与驾驶水平相关。

到了 20 世纪六七十年代，北欧航空公司在飞机本身的技术方面仍位居前列，十几年里，一直都是引领航空技术发展的先锋。我们也是第一家购买并使用卡拉维尔飞机（法国造喷气式客机，尾部配有两部发动机）的航空公司。当时研制的 DC-9 型客机后来也成为了我们的主力机型。

20世纪80年代，市场发生了新的改变，竞争开始加剧。技术成为次要因素，取而代之的是以顾客为导向的经营理念与服务水平。我们再一次脱颖而出，被评为1983年的“年度最佳航空公司”。

换句话说，每个阶段都有不同的竞争特点，而北欧航空公司在任何时候都取得了出色的成就。以前，北欧航空公司凭借着运营能力、航空技术及服务水平三方面的优势独领风骚。今后，若想保持领先地位，就不能只满足于提高工作效率这个短期目标，而是要继续在这三个方面不断努力。

我们确定了如下战略：在自由竞争的市场中，北欧航空公司将凭借高技术与高效率生存下来。要保证三个重要环节——运营能力、航空技术及服务水平的品质不动摇。在这个稳固的基础上，我们将充满活力地向高效率奋进，信心十足地面对自由竞争的市场。

那么，又该如何将这一战略转化为具体条款呢？“服务商务旅客”的整体战略肯定不能改变。因此，除了完成这一目标，我们还提出了三个新的发展领域。

首先，在自由竞争的时代，必须提高25%以上的效率，就像成功的泛美航空公司那样。但我们不会通过“全面降低成本”来实现这一目标。相反，还要像1981年时一样，通过提高总营业额来降低成本。不必要的成本可以削减掉，但必要的部分要得到更有效的利用，以提高总营业额。也就是说，我们要用更少的成本赚更多的钱。

其次，建立一套交流、通信及预订系统，帮助我们紧跟市场变化。联合航空和泛美航空两家公司都建立了自己的预订及通信系统，一方面用于保持目前的领先地位，另一方面用于开拓新市场（包括目前为北欧航空公司所占据的市场）。因此，我们要么自主建立预订及通信系统，要么从外部购买，而卖方很可能就是像泛美航空或联合航空这样的竞争对手。

再次，开辟更具竞争力的航线、班次及时刻表。也许还要采用类似美国航空公司的中心辐射系统。考虑到这一点，哥本哈根机场应该是个理想的中心点，这里是我们的门户，同时也是前往伦敦、巴黎和法兰克福的中转站。一直以来，人们都认为哥本哈根缺乏吸引力，但为了拓展市场，必须设法改变这种想法。为此，北欧航空公司和丹麦政府已经做好了 8 亿美元的预算。

我们的最终目标是：到 1990 年，把北欧航空公司建设成为欧洲效率最高的航空公司；在世界各地，我们将拥有最具竞争力的航线网络；我们将成为品质与安全的市场领导者；无论航程远近、机型大小，我们都将保证具有竞争力的盈利水平。到那时，我们将拥有更大的财务优势，也具备了更换整个机队的条件，“3P 客机”将成为现实。通过这些举措，将解除管制的危机转化为挑战，使自己赢得更为稳固的市场地位。

我们将这一行动命名为“第二波”。“第二波”与“第一波”的最大不同在于：我们要更有耐心。在“第一波”的行动中，我们设立了全公司连通的“热线”，直接在一线员工及顾客中宣传整体战略。当时我们正处于危险的边缘，根本没有其他选择。而现在，我们拥有比以前更充裕的时间，因此，必须确保每位员工都完全理解目标并把它视为自身的职责。

一些先期的事实已经表明，我们所采取的战略十分正确。据《丹麦商业日报》刊载，北欧航空公司的企业形象名列第一。《民航世界》也将北欧航空公司评为1986年度服务最佳的航空公司。为了让员工共享这份荣誉——

因为他们才是最应该得到表彰的人——我们特意制作了一批金心奖章，颁发给 3 万名员工。礼物虽小，但代表了我们由衷的心意。

有些人认为，北欧航空公司在未来的成功主要取决于是否会用波音 737 取代 DC-9，用 IBM 信息系统取代惠普电脑。但从根本上来讲，北欧航空的前途还是依赖于“人”。只有员工保持一贯的高昂士气与卓越才干，并全力投入到高效运营的目标工作中，公司才能保持持续的成功。这也是我们投入 1 000 万美元用于员工培训的原因所在。

很多人想当然地认为，自由竞争不会打击欧洲航空业。“你这是在喊‘狼来了’，”他们指责我说，“员工都被你利用了。”

对这些人，我的解释是：如果竞争仍然保持现有水平，那我们的确不需要再做更多努力就可以应付现状；但不管未来怎样，提高效率也将使我们变得更加强大。

如果市场在一定程度内开放，而我们却未做好准备，很可能就会陷入麻烦。现在采取行动，将避免今后“疲于奔命”的风险。

若是市场完全开放，我们必定会为之前的短视付出沉重代价。我们将面临危机、慌乱、萎缩、裁员及其他更糟的情况。如果事先做好准备，一切就都将转化为良机，我们将生存得如鱼得水。

更重要的是，如果我们确实提高了运营效率，政府就找不到理由非开放市场不可了。

当然，没有人确切地知道我们是否会面临自由竞争。但结论很简单：如果今天为明天的激烈竞争做好准备，就等于掌握了主动权。绝不能指望运气帮忙。无论环境如何，都要把命运掌控在自己手中。

尽管有人批评我们对设定目标过于热情，甚至近乎歇斯底里，但我绝不同意这种说法。宏观目标有利于帮助我们超脱于日常工作。人人都需要充满挑战的工作和生活。北欧航空公司正是通过设定目标，才使员工保持了高昂的士气，同时为顾客提供了越来越周到的服务。

我并不是在夸耀自己找到了一种独特的经营方法。当然，很多企业领导都喜欢谈论这些课题：探察经营环境，设定与环境相配合的目标、战略、组织结构等等。

事实上，很多人都认为自己的企业已经实现了分权管理，并且告知员工："现在你们可以独自做决策了。"但我怀疑他们是否真正将责任与权力交给了员工。除非他们真的这样做了，并且设定了明确的目标，让所有的员工都了解并愿意接受，否则他们就仍然处在中央集权式的组织中，员工也仍然会事无巨细地请示领导。如果员工没有感到公司目标或战略是属于他们个人的，自然就不清楚怎样做才算正确。向员工授权却没有满足他们独立决策的条件，这种领导只可能误入歧途。

在授予员工真实的责任与权力之前，组织结构必须彻底改变。基本模式应该扁平化，每个人的工作角色都要重新设定。

位于组织结构第一层的高层主管负责指引公司的未来方向，预测日常潜在的危机，并探察新机遇。当然，设定目标并拟定战略也是一种决策，但并不需要涉及所有细节活动。

中层经理位于第二层，通过资金投资与人员招聘完成资源的计划与分配。也就是说，为了确保操作层的员工顺利执行高层管理者设定的政策，中层经理要负责所有相关的工作。因此，这一层级同样不涉及具体操作中的决策，而只是为一线员工提供必要的支持。

第三层就是我所说的一线员工，或者基层员工。与公司运转紧密相关的所有特定决策都将在这一层完成。

你或许认为，我在这里提出的看法并没什么新奇之处。分权为什么听上去如此容易？因为它的确很合乎逻辑。只有顾客掏钱购买了产品或服务，我们才有利润可言。因此，所有商业计划都必须从顾客角度出发。而谁又是最了解顾客需要的人？无疑是那些天天和顾客接触的一线员工。因此，我们在设计产品或提供服务时，就应该更多地聆听他们的意见。换句话说，我们应该把最重要的责任和最崇高的权力交给这些员工。

许多人都同意这种观点，但为什么真正执行的人却少之又少呢？事实上，这套做法与根深蒂固的传统工作角色有所冲突。因此，只有具备特别的耐心、毅力与勇气，才能将这个方法推行下去。幸运的是，一线员工和市场一直在为我们指引方向。

在北欧航空公司，我们一直致力于将原有的金字塔式组织扁平化，同时保持既定的目标不动摇。如今，我们实现了令人难以置信的伟大目标，不仅在财务上扭亏为盈，还为美好的未来做好了准备。

作为企业经理人，如果同意我在人力资源方面的看法，就一定会意识到使全体员工理解公司愿景的必要性。因为只有这样，他们才会明白自己的全部责任。也只有这样，你才能使这群充满热情的人释放出巨大的能量。

再没有什么比下面的故事更适合作为我个人经验的总结了：

两位石匠正在砌墙，一名经过采石场的人问道："你们在做什么？"

第一位石匠是一副没精打采的样子，他牢骚满腹地回答道："我正在把这些该死的石头砌成一堵墙。"

第二位石匠则表现出很快乐的表情，他骄傲地回答说："我正在和大家一起修建大教堂呢！"

如果一位石匠能够想象出整座教堂未来的样子，并且被授予负责某一部分任务的权力，那么他肯定比只看到眼前花岗岩的石匠更满意、也更有工作效率。因此，真正的领导者应该是蓝图的设计者，他要将教堂的未来愿景分享给员工，鼓励他们共同完成这一伟大的工程。

Moments of Truth

无处不在的“关键时刻”

MOT

我永远乘坐你的出租车

——出租车司机的“关键时刻”

有一年，酷热的夏天，我站在A市国际会议中心的门口，叫了一辆计程车赶往机场，终于可以结束这趟辛苦的旅程回家了！

“快进来吧，”司机说，“车里既舒服又凉快。”我迅速钻进车里。简直太棒了！座位上有十几份叠放整齐的报纸，车里还有一瓶冰镇的软饮料。司机说报纸和饮料按照市价出售，不多收一分钱。

“你赶时间吗？”司机问。我回答说不急。

“那么你见过本市著名的飞马喷泉吗？”司机又问。“你现在有机会去观赏它。”

于是我们停在了喷泉旁，我被骏马飞跃水面的艺术形象所深深吸引。

当我们到达机场后，司机告诉我他的名字是兰克，并要了我的名片。他希望我下次来A市时，能够提前两三天和他联系，并告诉他航班的班次和到达的时间，到时他将准时到机场等我。

坐在飞机上，看着空姐忙来忙去，我不禁想起了北欧航空公司前总裁卡尔森的畅销著作《关键时刻MOT》。是啊，兰克很好地经营了自己的“关键时刻”。

更让我赞许的是，在我回到家后的第 4 天，竟然收到了兰克寄来的致谢信。在此后的 A 市之旅中，兰克总是准时地等候在机场。而在每个新年，我也总能收到来自兰克的新年贺卡。

出租车司机平均每周工作 7 天，每天工作 12～14 小时，月收入约 2 000 元。而兰克每周只工作 5 天，每天只工作 8 小时，月收入却是 5 000 元。

这其中的区别就是，兰克比其他的出租车司机拥有更多的忠诚顾客。

我再也不会购买你们的任何产品

——PC制造商失败的“关键时刻”

很多人都认为，“关键时刻”更多的是在服务行业中，与制造业的关系并不大。那么，让我们来看一看某PC制造商是如何破坏“关键时刻”的，同时又造成了什么样的后果吧。

A公司以其直销体系而闻名，它不通过经销商，而直接和消费者联系，这就势必需要能对客户提出的要求快速响应。从消费者的角度来看，A公司除了宣传中的低价优势外，随时快速响应客户的需求，也是其吸引消费者的重要因素之一。在这种运营模式中，一旦出现质量问题，如果售后服务体系无法快速优质地运转，那么其品牌在消费者心目中的形象就会遭到破坏，因为消费者是直接和A公司联系的，他们所获得的感受和体验必然直接指向A公司。在市场竞争日益激烈的今天，除了产品价格和品质外，售后服务及技术支持在吸引消费者和提高顾客忠诚度方面发挥着越来越重要的作用。而这些恰恰是“关键时刻”所能起到的巨大作用。

在美国，有一位消费者花了1 600美元购买了一台A公司的台式电脑，并且在他购买电脑的同时，又额外花300美元购买了延长期质保，但是只用了9个月他的电脑光驱就出现了故障。

第一个“关键时刻”：消费者向A公司的技术支持部门拨打求助热线，但是没有得到A公司的快速响应，反而被告知要等待技术人员回电。

第二个“关键时刻”：在焦急等待了45分钟之后，A公司的电话终于打回来了。电话中技术人员说了很多令消费者一窍不通的话，并将故障诊断为“软件问题”，要求消费者打电话给A公司的软件技术人员。

第三个“关键时刻”：消费者把电话打到软件技术人员那里，然后他又陷入了焦急的等待之中。

第四个“关键时刻”：消费者又等了45分钟，但问题仍没有得到解决。就这样，消费者为这个故障等待了一个半小时。

消费者原本计划在一年多的时间内再买两台新电脑，但他现在表示：“我很不满意A公司的售后服务。如果我要再买电脑，我绝不会选择A公司。”

很多消费者都公开表示了对A公司售后服务的不满。以下是一位中国消费者的遭遇（摘自网络投诉）。

2005年6月1日，在同事的推荐和A公司的网络广告吸引下，我通过A公司的直销电话下了一台A公司笔记本电脑的订单。A公司的销售代表服务很热情，告知我因为我的同事刚刚也下了订单，配置是一样的，所以就不用再下订单了，她直接在我同事的订单上加一台就可以了，这样比较节省时间。我想早点拿到机器，于是就同意了，通过传真我接到她传来的同事的订单。

按她的指引，6月2日我去银行汇款。因为我所在的城市只有农业银行，所以需要跨行汇款到A公司的工行账户。我特意征询了她的意见，确认保证有货。她说只要下了订单就一定有货，让我把银行汇款回执的章盖清楚一些，但汇款到账的时间可能会慢一点。我考虑我的同事也是农行汇的，算了一下使用电脑的时间，应该没有问题，不会耽误工作。电脑价格为 8 399.5 元，我要求把电池从 4 芯升级到 8 芯，升级后加了 200 元，订单价格为 8 599.5 元。

周末，我去电脑市场买了一根 256MB 的内存条准备升级新买的电脑，还购买了一个内胆包和一个移动硬盘，就等着我买的新机器到货了。

6 月 7 日，我的同事收到了电脑，我想明天我的电脑也应该到了吧，因为我的同事就比我早一天汇款。

第一个“关键时刻”：下午 A 公司销售代表打来电话说，我订的机器配件缺货，现在已经没有 DVD+CD 的刻录光驱了，只有 DVD+DVD 刻录光驱，256MB 的内存也没有了，只有 512MB 的内存，让我再去银行汇款，加钱升级内存和光驱。我说我已经买了内存等着自己升级啊。她说那你可以把自己买的内存处理掉。我说不行啊，我订了货，你们生产有问题，你们违约，为什么让我承担损失？她又说是因为我汇款的银行到账太慢造成的。我说我按你们的要求汇的，所有的单据都有，也和你确认了保证有货，责任在你们，就应该由你们解决。她说那你不加钱就只能等生产部门进货。我说那你告诉我一个确切的日期，什么时候能解决。她说她不能确定，要等生产部门通知。我说那不就没有明确的日期了吗？她说没有办法。我要求她反映给公司，她同意找领导请示。

第二个“关键时刻”：我觉得她有可能敷衍我拖延时间，那就不知道什么时候能拿到电脑了，会影响我的工作。于是我上 A 公司的网站，想找投诉电话反映，也许会得到重视。没想到整个网站只有销售电话，没有投诉电话！我打 800 销售电话，一大堆的语音提示，也没有投诉指引。

第三个“关键时刻”：我就直接转售后服务，后来被售后服务转到负责投诉的电话。得到的回答是这款电脑热销，造成断货，而销售代表下单时也不知道生产线上的生产情况，所以很抱歉，只能等待，他们会尽量把给我造成的延误时间减到最低。这还是没有明确的处理意见和时间承诺。

我开始后悔了，如果早知道上了A公司这样的圈套，需要再加钱升级电脑，那我还不如买IBM的电脑。可是我想不明白，A公司素来以自己的管理和订单系统闻名，怎么能发生销售代表下单，但不知道生产部门的生产情况呢？就算是A公司换代产品，对已经订货付款的客户也应该履行合同责任，免费升级，怎么能要求客户再次增加付款呢？这在法律上就把自己生产管理中的成本问题转嫁给了客户，这是违法的。我也是从事市场营销工作的，新老产品更替的库存和退货，公司都会有专门的预算进行处理。难道A公司的零库存、高效率就是这样以牺牲客户的利益为基础的吗？

第四个“关键时刻”:6月8日，我迫不及待地打电话给A公司的销售代表，询问问题的解决情况。她说你是不是把我投诉了？我说我没有投诉你个人，而是向你们的投诉部门反映了我的情况，希望问题能尽快解决，也是从另一个角度帮她推进工作。她说，不就是一台电脑吗？至于吗？态度和我下订单付款之前已经天差地远了。我说那问题解决了吗？她说你还是加钱升级配置吧，我再次表示拒绝。她说那就没有办法了，因为她已经反映给领导，领导也没有答复。我说那你的意思是不准备解决了？她说你不愿意加钱，就只有等了，我也不知道公司什么时候会再进配件。我要求和她的领导通话，她说你再打投诉电话吧。

我郑重地对她说，如果你不能解决，我自然会找解决问题的渠道。如果A公司不能解决，我找媒体、找政府主管部门、找律师，甚至找IBM解决，行不行？如果你们愿意把你们的客户推向绝路，推向竞争对手的话。

她语气有些和缓了，说我退你钱行不行。我说，不行，我已经买了配置准备升级，是建立在对A公司订单的信任基础上的，我不愿为此承担损失。对于工作时间的耽误、电话费以及对我个人精神上的影响，我已经承受了损失。

第五个“关键时刻”：我再次拨打A公司的投诉电话，接电话的人仍然是老一套，把我的订单号和联系方法第二次记下来，说反映给公司，尽快解决。

第六个“关键时刻”：我没有办法，就想打电话到A公司总部投诉，但整个A公司网站就是没有总部电话，我就打800销售电话要求转公关部。我想如果投诉解决不了问题，在通过媒体反映之前先给A公司公关部打个电话，给他们一个改正的机会。因为我也是做营销的，真到了媒体那里他们就损失大了，我的目的不是攻击A公司，而是解决一个普通消费者权益被侵害的问题。结果电话又被转到投诉部门，问题又转了一个圈子。投诉电话说公关部在北京，让我打北京的电话。

第七个“关键时刻”：我再次拨打北京公关部的电话，电话语音提示是A公司北京办事处，但永远没有人接听，其他提示都是指引拨打800。多次重拨，长途电话费花了不少，结果都是一样。

第八个“关键时刻”：6月8日下午，我给A公司的销售代表打电话，对方口气比较软，说给我退钱行不？我表示没有这样做的，毕竟为了这台A公司的电脑我耗费了这么多的时间和金钱，还另外买了配件，我希望A公司方面能给出一个说法。

第九个“关键时刻”：6月9日上午，当我再次与A公司方面联系的时候，得到的回复竟然是“想退钱是不可能的”！A公司销售代表的理由是“已经在给您调货了”，我表示实在不想要A公司电脑了，对方说：“退货你就别找我了，找投诉热线吧！”

A公司就是这样把一个普通消费者逼上绝路的。“我再也不会购买A公司的任何产品了。我要让所有我遇到的想要购买A公司产品的消费者知道，他们将会受到A公司什么样的‘款待’。”

这些消费者的怨言会给A公司带来麻烦吗？在过去的10年里，A公司依靠具有竞争力的价格以及便捷的直销方式，成为数以百万计消费者的第一选择。根据国际市场调查企业IDC公司的调查报告，A公司的市场份额总体有所上涨，其美国消费市场份额从去年的28.2%上升到28.8%，但其增长速度已经明显减缓。然而，败坏的名声将可能影响A公司的销售，危及在2008年达到800亿美元收入的计划。在最近一个财季中，A公司没有达到自己的销售目标，原因之一就是其股票与年初相比下跌了18%，每股仅34美元。2005年第三季度，A公司在亚太区（不包括日本）的市场占有率从上一季度的8.8%下降了至少1%，A公司在中国内地PC市场的占有率也从上一季度的9.6%下降了1%以上。根据最新调查显示，2004年对A公司售后服务不满的消费者达到23%，2005年这一数字上升到28%。根据前不久美国密歇根大学的调查，A公司的顾客满意度下降了6.3%，仅为74%，低于PC产业81%的平均水平。

A公司最大的竞争对手惠普公司在过去的一年中，已经推出了数项措施以建立顾客忠诚度。其中之一就是让惠普员工收集从消费者那里听到的小故障信息，在48小时内为这些消费者提供电话回访。还有，惠普公司开发的诊断工具，它可以帮助消费者确定所遇问题的种类，甚至包括非惠普设备导致的问题。而就这一点，除非额外付费，A公司是不会帮助消费者解决非A公司设备引起的问题的。惠普公司负责总体消费者经历项目的副总裁黛安娜·贝尔（Diana L.Bell）说："鉴于目前的数字生活方式，我们提供的这些服务是必不可少的。我们做的比说的要多得多。"

消费者的经历可能对A公司来说是一种警告的信号。如果消费者不接受A公司新的"额外付费"服务计划，如果该公司继续破坏顾客在"关键时刻"的感受，A公司可能将不得不花更多的钱来解决问题，甚至导致更多的消费者"变节"，投入其竞争对手的怀抱。

愤怒的手机用户

——通信公司的"关键时刻"

自从我上次抨击斯特尔通信公司破坏顾客印象的"关键时刻"到现在，已经一年多了。可最近一次与该通信运营商接触的经历使我怀疑，他们是否认真对待了我上次发表的那篇文章。

一年前，我和家人都认为斯特尔公司的"一键通"手机前景喜人。我知道，很多人都依赖"一键通"和家人及商业伙伴保持联系。几年中，该公司一直占有"一键通"的大部分市场。可是，从 2003 年底开始，"一键通"产品就不再仅属于这家公司了。瑞森和林特两家公司分别宣布将从今年起引进"一键通"生产技术。本周"一键通"又成了大家争论的焦点，因为瑞森公司状告斯特尔公司用不正当手段获取了该公司的手机生产模型。假如这项指控是真的，斯特尔公司将可能在"一键通"市场的竞争中失去优势。

实际上，斯特尔公司糟糕的客户服务，已使得顾客都不愿再冒险购买他们的产品了。以下就是我的经历。

我家一共购买了该公司 4 部手机，其中 2 部在保质期过后就出现了同样的问题：手机突然不能充电了，即使换了新电池也不行。于是，我拨打了该公司的客户服务电话，想知道我该怎么办。我期望对方提供的信息能够帮我尽快把手机修好，而且不要太麻烦，花费也不要太高。电话那边的客服人员询问了我的住址，然后建议我去离家很近的一个地方修理。这是他们对第一个“关键时刻”的处理方式。

第二个“关键时刻”他们应对得也不怎么样。当我到达客服人员告诉我的维修地点时，才发现那里根本不是服务中心，而是该公司授权的一个分销点。我当时有两点期望：第一，这个分销点的工作人员准确地知道，如果该处卖出的商品出现了问题，应该怎样处理；第二，该分销点能替我把有问题的手机送到服务中心去。可是，这两点期望都落空了。我被告知，唯一的选择就是，我自己开车把手机送到两个服务中心当中的一个去，而这两个中心都离我家有 40 公里远!

于是我在该分销点的营业厅里又给斯特尔公司打电话——这是第三个“关键时刻”。工作人员告诉我一个近一点的服务中心（大约 15 公里远），再没有其他选择了。当时，我真希望修手机能像那些有名的电脑供应商修理笔记本电脑一样。打个比方说，假如你打电话给 IBM 公司，24 小时内就会有人带着手提箱来到你家，你只需要把电脑装进箱子里。在修完之后，工作人员还会把电脑给你送回来，这中间只需要两三天的时间。

在这之后，我开车路过一个服务中心，它所在的写字楼侧面有斯特尔公司的标志，那里离我家的距离远远少于 15 公里。我进去后，店主告诉我可以维修手机。很自然，看到斯特尔的标志和产品后，我认定它是已得到该公司授权的服务中心。但遗憾的是，其实它不是，但我直到后来才知道这一点。店主说每部手机检查费需要 200 元，如果我在该服务中心修理就能返还检查费。于是我将手机留在那里检查。当天晚些时候，我接到电话说，其中一部手机需要修理费 700 元，另一部手机则无法修理。修一部手机需要 700 元吗?

我又经历了第四个"关键时刻"。盯着那张700元的维修账单（不算400元的检查费），我们一家人都怀疑如果买新手机是不是会更便宜些。这时，我们才知道，斯特尔公司对待新顾客比对待老顾客要好。是我估计错了，本以为他们面对那令人窒息的竞争和逐渐消失的优势（"一键通"独家专卖），会提高服务质量。对任何一家通信运营商来说，最重要的资产都是已经存在的老顾客。可是斯特尔公司的政策是，新顾客（他们叫"新激活"）能得到特殊优惠，但老顾客却不能，原因在于卖出新手机能赚得的利润远比维修旧手机赚得的700元多。

聪明的手机买主都知道，那些折扣只是为了引诱顾客购买。我明白为什么那些折扣可能不适用于想将自己的手机升级换代的人。但我希望，像斯特尔公司这样的运营商能给手机坏了的老顾客一次机会。至少，我们应该也能以和新顾客同样的优惠价格购买手机。可是，我们却不能。

经历了这些失败的"关键时刻"后，我们一家人开始关注其他公司的同类产品。我想这实在是斯特尔公司的噩梦。我们发现不但林特和瑞森公司将生产"一键通"手机，而且它们提供的手机比斯特尔公司的更耐用、更时尚，价格也便宜。总而言之，如果我们去其他公司购买新手机，会比修理旧手机或购买原品牌的新手机花费更少。

在这样的"关键时刻"，斯特尔公司实际上是在把顾客推向门外。

在购买其他品牌的手机之前，我决定给斯特尔公司的公关部打个电话——以记者身份而不是顾客身份——告诉他们我要让这件事见诸报端。斯特尔公司的发言人凯莉小姐也认为我的遭遇不合情理。于是她联系了公司的全国服务维修部高级主管迈克尔先生。迈克尔先生给我打电话说，"我们的服务确有不当之处，给您带来了许多不便，希望能对您进行补偿。”我解释说，我并不想因为自己是记者而得到额外的优待。假如他要补偿我，那就应该对遇到同样情形的其他顾客做出同样的补偿。

迈克尔先生还告诉我，我第一次打客服电话时，就应该被告知，每月交 25 元就能加入一项保养计划（即使我的手机已经坏了），这样我就可以到斯特尔公司的任何一个服务中心免费维修或更新手机；另一个选择是，我可以拨打斯特尔公司转接中心的电话，它会把我的电话转到摩托罗拉服务中心，该中心会取走我的手机去维修或更新，所需时间仅为 72～96 小时，运送时间也包含在内了。实际上，在每一个“关键时刻”，我都应该被告知这些信息，可是却没有。

迈克尔先生说，“您第一次打电话给转接中心时，工作人员就该告诉您这些选择，包括每月交 25 元就可以加入那项保养计划。大多数时候，他们都能做到这一点。但是最近转接人员使用的仪器出了些问题，我们正在维修。我们将会在几个月内解决这个问题。您第一次拨打的那个电话号码已经变更了。”我问他，我怎么能知道电话号码变了。他解释说，因为他们经常给顾客发邮件，所以有些顾客知道所有这些选择。我应该经常浏览那些邮件，但显然，我忽略了。（谁有时间看那些东西？）

斯特尔公司给我返还了 900 元（包括 700 元维修费和检查那部不能维修的手机所花的 200 元），并且让我加入了那个每月交 25 元的保养计划。

尽管结果还算令人满意，但我的这次经历还是说明了，商家因为不能把握住众多的“关键时刻”而失掉了宝贵的赢取顾客的机会。斯特尔公司差一点就失去了我们家的 3 个用户。再回想起我以前和斯特尔公司接触的经历，我都惊讶自己居然仍是该公司的顾客。对企业来说，这个案例应该提醒他们，列出并检查自己的“关键时刻”是至关重要的事。至少，如果你是客服部门的主管，你应该经常检查部门所有的“关键时刻”。最理想的办法是，公司派专人负责清点和检查所有的“关键时刻”，并在系统出问题时进行修正。也许现在就是客服部的主管们该行动起来的时候了。

以顾客为中心

——银行的“关键时刻”

最近，奥美公司为纽约一家银行制订了一项计划。这项计划的目标是找到该银行的“关键时刻”，并由此探寻出潜在的提高服务质量的方法和新的服务项目。

为了找到相关的“关键时刻”，奥美公司从调查这家银行的真实顾客开始工作。通过发现顾客需求，找到可行的解决方法，从而提高服务质量。这些行动形成了更好的顾客体验，提高了顾客忠诚度，并最终大大提高了投资回报。

顾客对银行服务的感受会影响到银行交易量上升的幅度，而交易量的上升反过来会给银行服务体系带来一定的压力。如果银行不能处理好交易量上升和服务质量提高之间的平衡问题，越来越多期望得到更好服务的顾客，将会转向他们认为更有效率、更人性化的银行。这就产生了如何留住顾客的挑战。

在过去的两年里，顾客储蓄高速增长以及相应的银行交易量的增长，给这家银行的分支机构产生了如下的影响：

- 顾客等待取现的时间是竞争对手的 2 倍。
- 汇票处理周期几乎是竞争对手的 3 倍。
- 查询和意见处理程序没有按标准执行。
- 员工生产率不理想。
- 丧失掉了许多销售银行金融产品的机会。
- 高峰时段的过度拥挤给顾客带来不便。

“关键时刻”计划的研究认为，通过如下方式可以取得显著的改进：

- 重新设立交易程序。
- 重新组织银行分支结构。
- 重新设计接待顾客的程序。
- 建立先进服务督查制度，跟踪分支机构的服务质量。
- 建立一个模型来决定可变数量的柜台来应对高峰时段的人流。

“关键时刻”计划同时重新建议和补充了以下方面：

行动 1：建立一个仿真模型来决定取现柜台的数量。
结果 1：取现业务处理周期的时间减少了 50% 以上。

行动 2：定义汇票处理的自动化水平，重新设计工作流程和文件流程。
结果 2：处理汇票的周期时间减少了 70%。

行动 3：重新设计分支机构的组织结构和服务区域安排。
结果 3：员工生产率提高了 20%。

行动 4：建立意见处理手册，并打造一个服务热忱的咨询台。
结果 4：咨询处理的周期时间缩短，顾客在咨询台得到的服务明显改进。

“关键时刻”计划最终取得了如下的显著成果：

- 为顾客节约了 50% 的等待时间。
- 在现有资源基础上具有了服务更庞大顾客群的能力。
- 取现周期和汇票处理周期比对手更具竞争优势。
- 通过结构的改变，提高了员工生产率。
- 通过每月质量信息系统（POIS）来监督和更新技术标准。

“关键时刻”计划还促使该银行的管理者跳出原来的思维框架，进行更多的以顾客为中心的思考。比如：将公司的网站和网上广告看成是产品和服务，而不仅仅是销售工具，从而向顾客展示自身更大的价值。

努力认识并满足顾客需求是一个至关重要的技巧，至少“关键时刻”计划帮助这家银行达成了一个重要的战略构想：成为一家以顾客为中心的公司。

世界最大物流公司的“关键时刻”模式

世界上最大的物流企业之一——埃克赛尔公司，正在使用被称为“关键时刻”的战略来管理其主体业务的绩效。

正像大多数大型物流企业一样，埃克赛尔公司在很大程度上也要依赖航空运输来处理货物。物流公司总是要面对顾客在规定时间内提高货物运输质量的要求。没有可靠的机场服务，埃克赛尔公司就不可能完成自始至终优质的到户服务。

他们就以下问题设计出解决方案：

1. 为当前正在进行的各方之间的信息交换提供工作系统；
2. 寻找信息交换中的缺陷；
3. 以埃克赛尔公司的服务标准来评估运输人员的绩效；
4. 研究提出没有达到预定目标的工作领域，并设计改进方案；
5. 解决产业痼疾。

大型物流公司都面临着成功的快递公司的威胁（如 UPS 公司、联邦快递公司等）。快递公司传统上更注重小宗物品的输送，但他们正迅速地“蚕食”物流市场。

埃克赛尔公司决定加快自己的时间表以赢得竞争优势。“关键时刻”模式就是这个决定的产物，这是物流行业内第一个相关类型的服务模式。

埃克赛尔公司设计出了“路径管理服务”，它围绕着一份“路线图”展开运作，这份“路线图”能够指示每批货物运输的路径，并帮助监控和评估运输绩效。

埃克赛尔公司选择了 7 名运输人员和 6 个国际网络中心作为计划的试点。这 6 个国际网络中心间的所有国际线路都在监控之中。

运输监控重点在于，监控“路径图”的执行情况，以确保运输中的关键步骤没有闪失。所谓的“关键时刻”，包括这样一些重要步骤：

1. 把货物交付给运输人员；
2. 运送货物的飞机起飞；
3. 货物通过目的地机场的检查程序；
4. 把货物送到顾客手中。

如果没有按时接收到货物的状态信息，出问题的航线就会被电子系统迅速识别出来。如果某个关键步骤被遗漏了，电子系统就会发出意外警示。

通过因特网，在运输途中的每件货物都处于被监控的状态下，任何意外情况都会被及时发现。另外，这个系统还可以有选择地向当事方发送电子邮件，以及时提醒他们出货失败。这就使得在需要的情况下采取补救措施成为可能。

运输报告则以可见性、及时性和绩效三个指标来衡量公司的全球、地区和运输支线三个层次的运营状况。埃克赛尔公司随后将在每月例会上审阅这些报告，并据此查找公司的每一个重要缺陷。之后，公司会和问题当事人取得沟通，而在下一次例会上，公司会评估取得的进展。

“关键时刻”模式一经运行，埃克赛尔公司就发现这项计划直接带来了如下益处：

1. 主机中的状态信息更加可靠了；
2. 减少了为追踪货物运输状态而拨打电话和发传真的次数；
3. 能够为托运人提供更准确的信息。

与此同时，相关业务的绩效也提高了35%，这使以下情况成为可能：

1. 更有目的地监控航线绩效；
2. 对运输人员的服务水平进行直接比较；
3. 让运输人员清楚，公司有能力以工作绩效来决定员工的薪金。

这将战略性地帮助埃克赛尔公司成功应对运送时限和到户服务。能够在这个领域里提供可靠服务的代理公司将拿到巨大的市场份额。埃克赛尔公司现在正在把这个服务模式推广到对更多的运输人员和工作点的管理上。

Moments of Truth

“关键时刻”培训感言

MOT

你所不知道的“关键时刻”

孙路弘

著名营销及销售行为专家

西方人认为，天下的任何事情都是由具体的环节组成的，因此分析事物一般会从详细的步骤入手；东方人则认为，事物是由大局构成的，因此只要方向正确了，步骤、环节并不重要。所以，“关键时刻”的培训在东西方强调的重点也就不同了。

在美国，“关键时刻”的培训强调的是关注现实生活中与一线员工的对话，他们的语言、语气，他们解决客户问题的速度和涉及的环节；在中国，“关键时刻”的培训强调的是体会客户的感受，要保持微笑、要态度和蔼、要有礼貌、要柔声细语。

在美国，“关键时刻”的培训课上，学员会投入大量的时间研讨如果我是其中一员，我会怎么做；在中国，“关键时刻”的培训课上，学员经常会事不关己地说，我是不会碰到这种事情的。

在美国，“关键时刻”的培训课上，**学员在遇到客户投诉其服务时，讲师要求学员首先思考自己应该做什么来立刻解决客户的问题，必须思考有哪些因素会阻碍自己做让客户满意的事情**；在中国，“关键时刻”的培训课上，学员面对讲师的讲授反馈经常是：在企业分工中，这不是我的事情，再说我也没有权力解决这些事情，都是产品的问题。

因此，在美国“关键时刻”的培训强调的是具体的做法，以及相关的细节；在中国“关键时刻”的培训强调的则是态度，以及一种思想上的意识。多年的培训让我们收到了许多来自以往学员的电子邮件，他们表达了培训时内心的想法， 表达了对“关键时刻”的理解，以及现实应用中的效果。我们的邮箱对每一位学员都是开放的，yes4you@gmail.com 已经成为“关键时刻”的另一种沟通渠道，让我们结合不同的情况设计符合企业实际情况的“关键时刻”的培训提纲。所有学员都知道，我们的这个邮箱是 24 小时人工回复的，不用担心石沉大海、有去无回，它是一个让人放心的邮箱。

凡从事成人教育、有经验的讲师都知道这样一个事实：进行态度方面的训练容易，但是效果难以衡量；而进行行为导向方面的培训并不容易，但是其效果就容易衡量多了。一个是以改变行为为核心目的的培训，一个是以改变态度为核心目的的培训。

当然，如果态度、意识没有转变，那么肯定也是很难落实到行动上的。这样看来，态度、意识的改变还是相当重要的。但是，态度以及意识的改变，培训并不是最佳的工具。改变人们的态度以及意识，首先要理解态度以及意识是如何形成的。人们的意识是由其动机决定的，没有足够的动机就不会对自己的行为进行约束。而人们的动机主要来源于对美好生活的向往，对自己梦想的追求，对成功的渴望。对于人们的动机，企业是否有相应的管理措施呢？是否能给每一位员工一个职业发展规划呢？管理层是否真正有长远的发展计划呢？这些长远的发展计划是否能够及时地与企业的所有员工分享呢?

其次就是行为的转变。当企业不需要在改变意识上浪费笔墨时，企业的高层就开始关心执行力的问题了。所谓的执行力，其实就是将理念落实到行动中的能力，需要将具体的行动展示出来。于是，“关键时刻”将2/3的时间都用在了EOAC模型上。这个模型会给学员一个体验，如果落实企业的“关键时刻”战略，在实际行动中我们应该怎么做，每件事情的具体流程是什么。当流程明确了以后，学员的行为才有改变的可能性。

EOAC模型，是Explore、Offer、Action以及Communication的首字母缩写。Explore表示探求客户的需求，包括探求的方法、倾听的形式、参与性倾听技巧的应用。Offer表示提供建议，针对与客户共同明确了的客户需求，提供若干解决问题的建议。而如何结合自己的领域提供合适的建议，对方为什么会愿意接受这些建议则是这个模块要强化的内容。Action的含义就是行动，按照客户同意的建议去行动。既可以立刻行动，也可以按照承诺的时间行动。行动要先说出来，然后去落实，对行动的具体要求就是细节化、环节化。总之，要完全明确行为的每一个动作、每一个精确的要求，从而提高事后落实的可能性。最后一个是Communication，意思是沟通。沟通其实是一种解释、一种说明、一种描述，可以是边做边说，也可以是对做了的行动加以立刻说明。沟通可以是口头的，也可以是书面的。不断建立与客户的沟通可以大幅缓解客户的不满和急躁的情绪。这个模块中清晰地对学员提出了具有可操作性的沟通建议，而不是像我们平时许多课程那样泛泛而谈，传授言之无物的沟通技巧。这里明确要求学员掌握沟通的时机，沟通的核心内容，沟通的主要步骤。

“关键时刻”可以为企业中三个层次的人提供不同的内容。为企业高层提供的内容，将主要集中在对概念的运作上。企业高层如何将一个有战略指导意义的概念落实到中层，进而普及到基层。解剖概念的能力是对企业高层提供“关键时刻”培训的核心要点。

企业中层偏重在执行层面，需要的是对“关键时刻”这个概念的分解和实施。如何制定相关的、具有可操作性的环节指导手册？如何设计符合企业市场特征的“关键时刻”的流程？比如航空运输业与银行系统，要求的“关键时刻”的内容就不会完全相同。行业的各自特点决定了企业在分解流程上的不同侧重点。中层执行能力的体现就是在制定流程上，结果就是衡量所制定的流程的可实现性以及实际应用的效果。

企业基层最需要的是怎么做。所以，基层“关键时刻”的培训会集中在行为的改变上，会直接落实指导手册，甚至在课堂上直接按照现实的情景来进行模拟演练，从而让基层员工在实际行动中去理解“关键时刻”，而不是仅仅从概念上理解。基层最需要的就是具体可执行的战术。

这也许就是不同文化背景、不同学员层次之间的不同。虽然都是一个“关键时刻”，但是不同行业、不同层次、不同目的将导致一个企业接受概念的过程也会不同。“关键时刻”的概念既可以帮助企业改变竞争意识，也可以通过培训、强化的形式落实到基层每一位员工的行动上。这就是我们5年来在美国、澳大利亚、中国提供“关键时刻”培训的一些感言。

未来，属于终身学习者

我这辈子遇到的聪明人（来自各行各业的聪明人）没有不每天阅读的——没有，一个都没有。巴菲特读书之多，我读书之多，可能会让你感到吃惊。孩子们都笑话我。他们觉得我是一本长了两条腿的书。

——查理·芒格

互联网改变了信息连接的方式；指数型技术在迅速颠覆着现有的商业世界；人工智能已经开始抢占人类的工作岗位……

未来，到底需要什么样的人才？

改变命运唯一的策略是你要变成终身学习者。未来世界将不再需要单一的技能型人才，而是需要具备完善的知识结构、极强逻辑思考力和高感知力的复合型人才。优秀的人往往通过阅读建立足够强大的抽象思维能力，获得异于众人的思考和整合能力。未来，将属于终身学习者！而阅读必定和终身学习形影不离。

很多人读书，追求的是干货，寻求的是立刻行之有效的解决方案。其实这是一种留在舒适区的阅读方法。在这个充满不确定性的年代，答案不会简单地出现在书里，因为生活根本就没有标准确切的答案，你也不能期望过去的经验能解决未来的问题。

湛庐阅读APP：与最聪明的人共同进化

有人常常把成本支出的焦点放在书价上，把读完一本书当做阅读的终结。其实不然。

时间是读者付出的最大阅读成本
怎么读是读者面临的最大阅读障碍
“读书破万卷”不仅仅在“万”，更重要的是在“破”！

现在，我们构建了全新的“湛庐阅读”APP。它将成为你“破万卷”的新居所。在这里：

- 不用考虑读什么，你可以便捷找到纸书、有声书和各种声音产品；
- 你可以学会怎么读，你将发现集泛读、通读、精读于一体的阅读解决方案；
- 你会与作者、译者、专家、推荐人和阅读教练相遇，他们是优质思想的发源地；
- 你会与优秀的读者和终身学习者为伍，他们对阅读和学习有着持久的热情和源源不绝的内驱力。

从单一到复合，从知道到精通，从理解到创造，湛庐希望建立一个“与最聪明的人共同进化”的社区，成为人类先进思想交汇的聚集地，共同迎接未来。

与此同时，我们希望能够重新定义你的学习场景，让你随时随地收获有内容、有价值的思想，通过阅读实现终身学习。这是我们的使命和价值。

湛庐阅读APP玩转指南

湛庐阅读APP结构图：

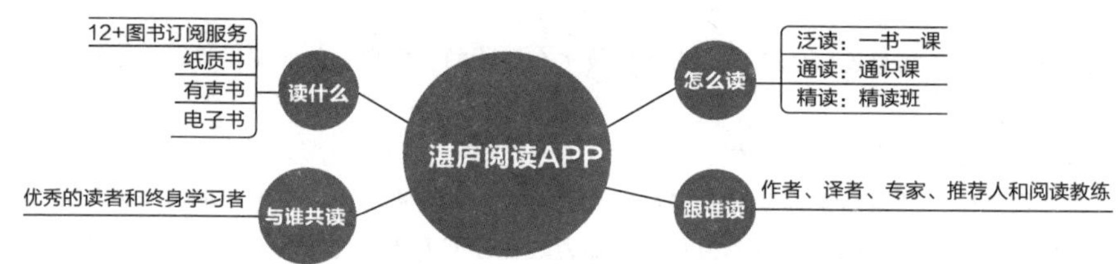

三步玩转湛庐阅读APP：

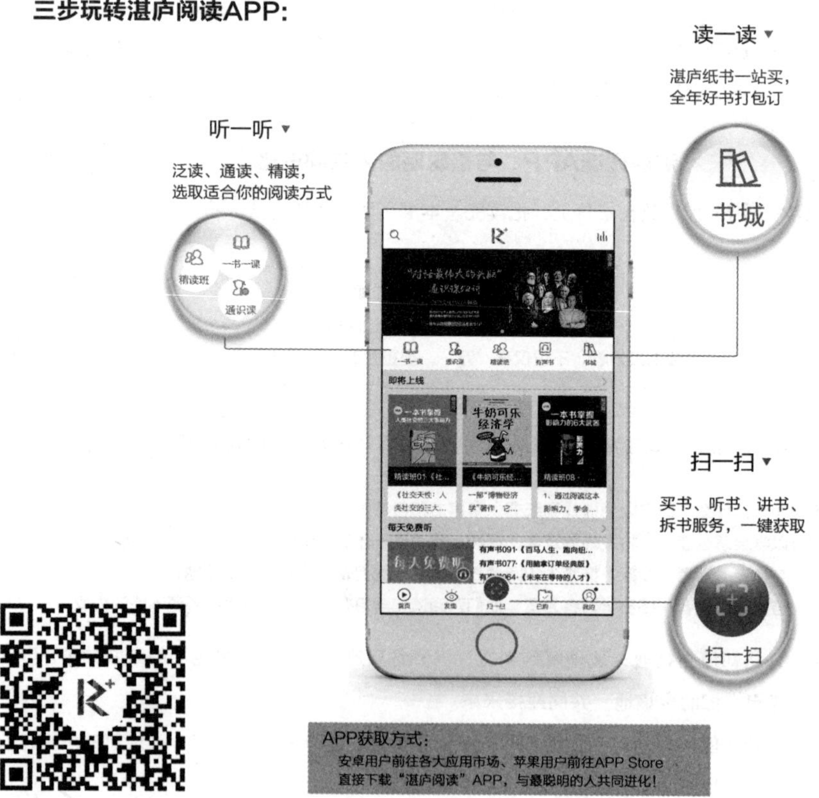

APP获取方式：

安卓用户前往各大应用市场、苹果用户前往APP Store

直接下载“湛庐阅读”APP，与最聪明的人共同进化！

使用APP扫一扫功能，
遇见书里书外更大的世界！

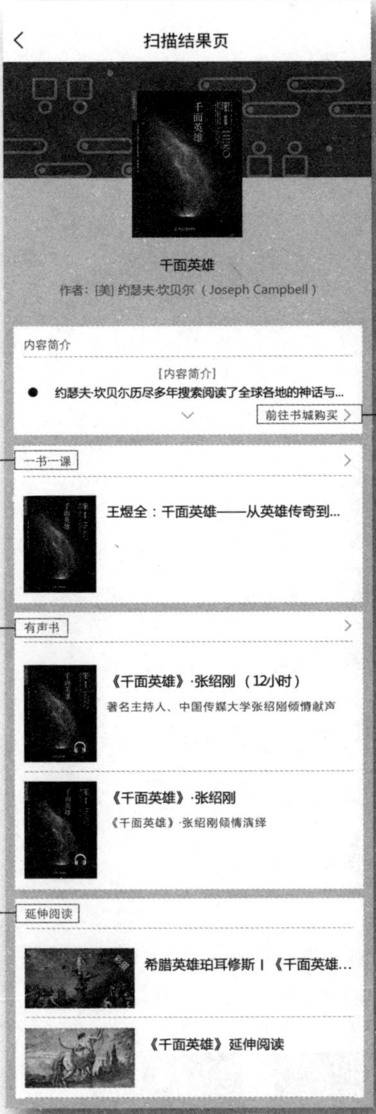

扫描结果页

千面英雄

作者：[美] 约瑟夫·坎贝尔（Joseph Campbell）

内容简介

[内容简介]

● 约瑟夫·坎贝尔历尽多年搜索阅读了全球各地的神话与...

前往书城购买 >

快速了解本书内容，
湛庐千册图书一键购买！

一书一课

王煜全：千面英雄——从英雄传奇到...

大咖优质课、
献声朗读全本一键了解，
为你读书、讲书、拆书！

有声书

《千面英雄》·张绍刚（12小时）

著名主持人、中国传媒大学张绍刚倾情献声

《千面英雄》·张绍刚

《千面英雄》·张绍刚倾情演绎

你想知道的彩蛋
和本书更多知识、资讯，
尽在延伸阅读！

延伸阅读

希腊英雄珀耳修斯丨《千面英雄...

《千面英雄》延伸阅读

湛庐文化获奖书目

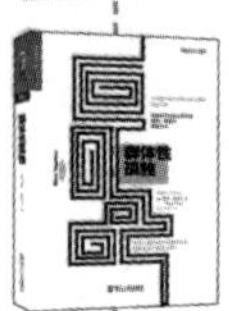

《爱哭鬼小隼》
国家图书馆“第九届文津奖”十本获奖图书之一
《新京报》2013年度童书
《中国教育报》2013年度教师推荐的10大童书
新阅读研究所“2013年度最佳童书”

《群体性孤独》
国家图书馆“第十届文津奖”十本获奖图书之一
2014“腾讯网•啖书局”TMT十大最佳图书

《用心教养》
国家新闻出版广电总局2014年度“大众喜爱的50种图书”生活与科普类TOP6

《正能量》
《新智囊》2012年经管类十大图书，京东2012好书榜年度新书

《正义之心》
《第一财经周刊》2014年度商业图书TOP10

《神话的力量》
《心理月刊》2011年度最佳图书奖

《当音乐停止之后》
《中欧商业评论》2014年度经管好书榜•经济金融类

《富足》
《哈佛商业评论》2015年最值得读的八本好书
2014“腾讯网•啖书局”TMT十大最佳图书

《稀缺》
《第一财经周刊》2014年度商业图书TOP10
《中欧商业评论》2014年度经管好书榜•企业管理类

《大爆炸式创新》
《中欧商业评论》2014年度经管好书榜•企业管理类

《技术的本质》
2014“腾讯网•啖书局”TMT十大最佳图书

《社交网络改变世界》
新华网、中国出版传媒2013年度中国影响力图书

《孵化Twitter》
2013年11月亚马逊（美国）月度最佳图书
《第一财经周刊》2014年度商业图书TOP10

《谁是谷歌想要的人才？》
《出版商务周报》2013年度风云图书•励志类上榜书籍

《卡普新生儿安抚法》（最快乐的宝宝1•0~1岁）
2013新浪“养育有道”年度论坛养育类图书推荐奖

延伸阅读

《共享经济》

◎ 共享经济时代扛鼎制作，央视《对话》栏目重磅力荐！

◎ 共享经济鼻祖 Zipcar 罗宾·蔡斯全新力作。

◎ 优客工厂创始人毛大庆领衔，滴滴出行，途家，万能钥匙联袂推荐。

《工匠精神》

◎《自然》杂志、《快公司》杂志联合创始人、《MAKE》总编辑、数字行业国际大奖威比奖设立者、美国 2012 年度创业人物联袂推荐。

◎ 清华大学技术创新研究中心主任陈劲领衔翻译。

《精要主义》

◎“新时代柯维”格雷格·麦基翁变革之作。

◎ 长踞美国亚马逊时间管理类图书第一名，亚马逊编辑推荐“一生中必读的一百本领导力与成功类图书。

◎《驱动力》作者丹尼尔·平克、LinkedIn 创始人里德·霍夫曼、《赫芬顿邮报》联合创始人阿里安娜·赫芬顿、沃顿商学院教授亚当·格兰特等联袂推荐。

《领导力与新科学》（经典版）

◎ 混沌大学创办人，中欧创业营发起人李善友、用友网络科技股份有限公司董事长兼 CEO 王文京、北京大学新闻与传播学院教授，新媒介批评者胡泳联袂推荐。

◎ 组织管理领域最前沿的大师和思想家玛格丽特·惠特利，哈佛大学博士经典名作。

MOMENTS OF TRUTH : New Strategies for Today's Customer-Driven Economy by Jan Carlzon

Copyright © 1987 by Ballinger Publishing Company.

Simplified Chinese Translation copyright © 2016 by Cheers Publishing Company.

Published by arrangement with HarperCollins Publishers, USA.

All rights reserved.

本书中文简体字版由 HarperCollins Publishers, USA 授权在中华人民共和国境内独家出版发行。未经出版者书面许可，不得以任何方式抄袭、复制或节录本书中的任何部分。

版权所有，侵权必究。

图书在版编目（CIP）数据

关键时刻 MOT :（白金版）/（瑞典）卡尔森著；韩卉译. —杭州：浙江人民出版社，2016.6

ISBN 978-7-213-07290-1

Ⅰ.①关… Ⅱ.①卡… ②韩… Ⅲ.①企业管理 Ⅳ.① F270

中国版本图书馆 CIP 数据核字（2016）第 081124 号

浙江省版权局
著作权合同登记章
图字：11-2016-48 号

上架指导：畅销书 / 企业管理

版权所有，侵权必究
本书法律顾问　北京市盈科律师事务所　崔爽律师
张雅琴律师

关键时刻MOT（白金版）

作　　者：［瑞典］詹·卡尔森　著
译　　者：韩　卉　译
出版发行：浙江人民出版社（杭州体育场路347号　邮编　310006）
　　　　　市场部电话：（0571）85061682　85176516
集团网址：浙江出版联合集团　http://www.zjcb.com
责任编辑：金　纪
责任校对：陈　春
印　　刷：石家庄继文印刷有限公司
开　　本：720mm ×965 mm 1/16　　印　　张：14.25
字　　数：17万　　插　　页：2
版　　次：2016年6月第1版　　印　　次：2018年6月第7次印刷
书　　号：ISBN 978-7-213-07290-1
定　　价：49.90元

如发现印装质量问题，影响阅读，请与市场部联系调换。